永遠の聖地 伊勢神宮

——平成二五年、式年遷宮へ

千種清美 著

ウェッジ

永遠の聖地　伊勢神宮

――平成二五年、式年遷宮へ

序

田中恆清（神社本庁総長・伊勢神宮式年遷宮広報本部長）

私は仕事の関係でここ六年程、主に京都～東京間を週に二～三回は東海道新幹線を利用させて貰っているので、言わば通勤電車の様なものである。勿論それ以前からも新幹線にはよく乗せてもらったが。0型から始まってN700系まで、居住性や快適性、そして安定した走行性など日進月歩である。更に〃超特急〃の名に相応しく、素早くそして安全かつ時間通りに目的地まで運んでくれる。中学生になるまでは鉄道模型に凝っていたこともあって、今も電車に乗ると、いたるところに興味が湧いてくる。従って新幹線のグリーン席は私の安らぎと息抜きの空間であり、心地よい〃ゆり籠〃でもある。

中でも毎月二〇日頃に先月号と入れ替わるグリーン車搭載誌『ひととき』は愛読書であり、ほとんど余すところなく読破している。特集記事は特に読み応えのあるものが多いし、連載記事も毎回興味を持って読んでいる。分けても、千種清美さんが書かれている連載「伊勢、永遠の聖地」は、私にとっては役職の関係もあるが毎回欠かさず興味深く読んでいる。千種さんの見る伊勢の神宮や神社に対する思いや視点にハッとさせられることも多く、常に伊勢の神宮や神社に身近にいるはずの私にも正に目から鱗の感想や指摘に膝を打つこと頻りである。

この連載は平成一八年からスタートされているので、もう既に五〇回を超えているが、平成二五年斎行の第六二回神宮式年遷宮の意義や歴史、更には遷宮に関わる多くの人達を毎回取り上げて、簡潔にして素晴らしい誌面づくりがされている。勿論執筆者である千種さんの筆さばきも読者を引き付ける大きな要素であるが、『ひととき』編集部各位の歴史や伝統と言った事柄に対する深い洞察力や信念に心から敬服している一人でもある。

一般的に言えば、月刊誌などの出版物は概ねタイムリーな、そして話題性のあるものを記事として取り上げるのが普通だと思われるが、『ひととき』の誌面は連載も含めて歴史や文化、伝統と言った日本人が護り伝えてきた本質的な日々の営みを通して、日本人としての誇りを取り戻す機会を提供されているのではないかと、私は密かにそう思い込んでいるのである。

そしてそのことは新幹線ミュージックチャンネル・日本アーカイブスの

「万葉集〜ココロ・ニ・マド・ヲ〜」にも感じとることができるのである。

実は私もこの連載「伊勢・永遠の聖地」の第四三回目に登場させていただいた。平成二一年の一二月号であった（本書一五六頁）。「若い世代へ、世界へ」と見出しを付けていただいたが、千種さんとのインタビューの中で、ついつい上手な質問につられて余計なことまでベラベラと話してしまった記憶があるが、なんと編集された文章は見事に贅肉が削ぎ落とされ、変な話だが、私自身が普段気付かなかったことにまで気付かされたことであった。

私がインタビューを受けることになったのは、第六二回の神宮式年遷宮を多くの方々に少しでも興味を持って知っていただき、遷宮の意義や歴史を伝えるための広報活動を推進するために設置している「伊勢神宮式年遷宮広報本部」の本部長としての立場ゆえであったが、千種さんのインタビューの冒頭は「何故、石清水八幡宮（私が宮司を務める京都の神社）の宮司さんが伊勢の神宮の広報活動を担当するのか？」と言う質問であった。全国の神社本庁包括神社の神職は常に神宮を「本宗《ほんそう》」（最も尊貴な神社）と仰ぎ、崇敬・奉賛の誠を捧げることが使命であるので、神宮に奉仕することは正に当たり前のことなのである。然しながら、そう問われてみると、世間の人々からみれば他の神社の宮司が神宮の広報活動を担当すると言うことは奇異に映るのかも知れないと思ったことであった。

私たち神職を始めとする神社関係者は神宮への総参宮運動を日毎展開しているが、分けても二〇年に一度の式年遷宮への奉賛活動は最も大切な取組みであり、全国の神職や総代が先頭に立って各神社の氏子や崇敬者を始めとする地域の人々に対して奉賛活動を展開し、式年遷宮の無事完遂のために大同団結して真心を結集させるのである。

そしてこのことは単に二〇年に一度正宮や別宮などを造営し御装束神宝を新調することだけではなく、その事によって伊勢の大神様も、そして国家国民も瑞瑞しく甦ることをひたすら祈りつつ一三〇〇年もの悠久の歴史を刻んで来たのである。

イギリスの世界的歴史家アーノルド・トインビー博士は「この聖地において、私は、あらゆる宗教の根底的な統一性を感得する。」と述べ、またアメリカの著名な建築家アントニン・レーモンド氏は「伊勢の深い森のなかに、世界で一番古くて新しいものが存在する。」と述べている。正に伊勢の神宮は世界の〝常若《とこわか》〟の聖地なのである。

結びに、今回「伊勢・永遠の聖地」が装いも新たに単行本として出版されたことに心からエールを送りたいと思います。そしてこの本がより多くの方々に読まれ、「和を以って貴し」とするわが国の精神文化が神宮式年遷宮の心を通して愈々高揚することを願って止みません。

目次——永遠の聖地　伊勢神宮　——平成二五年、式年遷宮へ

第三章　神宮のひとがたり――その思いは熱く、深く

第四章　永遠への掛け橋——式年遷宮行事始まる

第一章　神宮のことがたり

——永遠のシステムとは

常世の波の寄せる国へ

遥か昔、大和の国[*1]が日本の中心だった古代にあっては、太陽の昇る地、それが伊勢の国[*2]でした。

――この神風の伊勢の国は、常世《とこよ》の浪の重浪《しきなみ》よする国なり、傍国《かたくに》のうまし国なり。この国に居らむとおもふ。（伊勢の国は、理想郷からの波が打ち寄せる豊かな地であるから、そこにいたいのだ［と、天照大神《あまてらすおおみかみ》[*3]がおっしゃった］）――『日本書紀』[*4]巻第六

大和から東へ。峠をいくつも越えると、のびやかな緑の大地が広がります。ゆったりと流れる川、その先に広がる大海原。四方を山に囲まれた大和の人々にとって伊勢の海は、豊穣と永遠のシンボルとしてまばゆく映ったに違いありません。そんな憧れの地、伊勢に、日本人の祖先につながる

*1 現在の奈良県。

*2 現在の三重県。

*3 皇室の先祖神（皇祖神）、日本各地に鎮まる神々の総氏神、そして国民の御親神（みおやがみ）と尊ばれる。神話では天の岩戸に隠れた逸話で知られる。

*4 養老4（720）年に完成した日本最古の正史。神代から持統天皇までを記す。『古事記』と合わせて記紀（きき）と呼ばれる。

太陽神、天照大神はまつられたのでした。
伊勢神宮の鎮座については、大和王権の東国平定への拠点作りなど諸説があります。なかでも倭姫命《やまとひめのみこと》が天照大神をまつる聖地を求めて、近畿地方を巡ったという伝承が数多く残っています。
倭姫命は、神武天皇*5から数えて第一一代の垂仁《すいにん》天皇の娘。『日本書紀』や『古事記』には、甥の倭建命《やまとたけるのみこと》*6（日本武尊）が東国平定に出かける際、三種の神器*7の一つである草薙剣《くさなぎのつるぎ》*8を授けるという場面で登場します。勇猛果敢な行動をとる倭建命、優しくも強い精神力をもつ倭姫命。ヤマトの名を冠した男と女に古代の人々にとっての理想像を見る思いがします。
聖地を求めて大和からまず北上し、伊賀、近江、美濃、尾張を巡りそして南下して伊勢へ。倭姫命の旅は各地で数年ずつ天照大神をまつりながらゆっくりと進みます。姫が巡った地のほとんどは、のどかな田園地帯に鎮守の森が茂る、どこか懐かしい風景が広がっていました。そして、地名や神社の由緒には倭姫命の足跡がしっかりと残されていました。よほどの影響力だったのでしょう。倭姫命の旅については、大和の王権が保持していた稲作技術を各地に授けながら、その力を広めていった側面もあったといわれています。

*5　記紀に初代と伝えられる天皇。紀元前660年に大和の橿原宮で即位したという。

*6　第12代景行天皇の皇子。記紀の英雄伝説をもつ。

*7　歴代の天皇が皇位のしるしとして受け継いできた3つの宝物。八咫鏡（やたのかがみ）、草薙剣、八尺瓊勾玉（やさかにのまがたま）。

*8　素戔嗚尊（すさのおのみこと）が八岐大蛇（やまたのおろち）を退治したとき、尾の中から得た剣。

そして、倭姫命は天照大神がふさわしいと選んだ伊勢の地に大神をまつったのでした。

天照大神が「常世の波の寄せる国」とおっしゃったように、伊勢志摩地方の海岸は東に開け、理想郷である常世があるとされた海の彼方から波が打ち寄せます。なかでも伊勢・二見浦《ふたみのうら》は古くから禊の浜として神聖視され、〝清渚《きよなぎさ》〟と呼ばれてきました。神道で身の穢れを祓うことは、目に見えない魂の穢れを祓うこと。神前で祈りを捧げるにはまず心身の清浄が必要なのでした。

二見浦は伊勢神宮の内宮を流れ出る五十鈴川《いすずがわ》*9の河口にあたり、倭姫命があまりに美しい景色を名残惜しいと、二度も返り見られたためにその名がついたともいわれます。弧を描く白砂青松の浜。夫婦のように二つの岩が並ぶ夫婦岩《めおといわ》は、実は沖合に沈む興玉神石《おきたましんせき》の「岩の鳥居」の役目をしています。神おわします浜辺はひとしお美しいのです。

伊勢には、「浜参宮《はまさんぐう》」*10という慣習があります。二〇年に一度の神さまのお引っ越し、式年遷宮*11に向けて社殿の造営用の御木を曳く伝統行事「御木曳《おきひき》」に奉仕する人々が二見浦に詣で、身を清める慣わしです。大事な行事を前

*9 神路山に端を発し、伊勢湾に注ぐ長さ16キロほどの川。

*10 現代では、二見興玉神社に参り、祓いを受ける。

*11 式年は定まった年のこと。遷宮は社殿を新しく造営し、ご神体をうつすこと。

にした伊勢の人々が潮を浴びて穢れを祓い、神さまにご奉仕するのです。

一年のうちで最も昼間が長い六月の夏至。二見浦の夫婦岩は初日の出の遙拝所として知られていますが、二つの岩の間から太陽が昇るのは正月ではなく、夏至の頃であることをご存じでしょうか。

ゆっくりと、まるで海から生まれ出るように夏至の太陽は昇ります。力強く輝く太陽は、空を、海を金色に染めて……。水平線の彼方からは、金色の波が後から後から打ち寄せます。ああ、これこそが「常世からの波」か、天照大神が伊勢にお鎮まりになったのはこの神々しい光景があったからこそ、と思わせるほどです。太陽神の天照大神は、また「海照らす」神ともいえましょう。

伊勢では不思議と夏至の日の朝は雨が降らないといいます。これも太陽神が選んだ土地だからにちがいありません。

明日の宮柱を育む森

常世の波が寄せる二見浦からさかのぼること一〇キロあまり、天照大神をまつる伊勢神宮の内宮《ないくう》*1は深い森の中にあります。雨に煙る幽玄な様、朝日に輝く若葉の清々しさ……参道はいつも緑の木立に包まれています。

神宮の森は、社殿が建つ神域だけではありません。立ち入ることのできない周辺の山々を含めると面積約五五〇〇ヘクタール。実に東京都の世田谷区がすっぽりと入るほどの深い森が、神宮の背後に広がっています。

伊勢神宮には二〇年に一度、ヒノキの社殿を新しく建て替え、神さまにお引っ越しいただく式年遷宮があります。遷宮に至る三〇ほどの祭りや行事は、平成一七年五月、神宮の森で造営の御用材*2が安全に伐採されるように祈る「山口祭《やまぐちさい》」*3で幕を開けました。そして木曾の山で御樋代木《みひしろぎ》（御神木）を伐採する「御杣始祭《みそまはじめさい》」、御木を木曾から神宮まで運ぶ「御樋代木奉曳式《ほうえいしき》」と続き、鉋《かんな》始めとなる「木造始祭《こづくりはじめさい》」へ……。遷宮はまた、〝木の文化〟のシ

*1 正式には皇大神宮（こうたいじんぐう）という。

*2 社殿の造営に使用する材。

*3 第四章 一七〇頁参照。

ンボルだといわれています。

遷宮には約一万本のヒノキを要します。そのため神宮には御用材を伐り出すための山、御杣山[*4]が必要なのです。持統天皇四（六九〇）年の第一回内宮の式年遷宮から鎌倉中期までの約六〇〇年間にわたっては、神宮周辺の山が御杣山となっていました。その後、ヒノキの良材を求めて、御杣山は近隣の山々を転々と移り、江戸中期からは木曽の山となり、現在に至っています。

ヒノキは日本では最高の建築材とされ、伊勢神宮のほかにも法隆寺などに古くから使われてきました。しかしヒノキには、植林を続けると山の土が痩せて、保水力を失してしまうという欠点があります。また、社殿の宮柱によく使われる直径六〇センチの大木に育つには二〇〇年という長い歳月がかかります。植林を継続することの難しさと生育期間の長さという課題に対して神宮は、大正一二（一九二三）年に二〇〇年にわたる植林計画[*5]を策定。繰り返し育林ができる独特の森作りが本格化しました。

そして今、神宮の森はヒノキと広葉樹が共生しています。ヒノキの間伐を繰り返すと、広葉樹が侵入してきますが、この広葉樹も一緒に育てることによりバランスのとれた混交林にしていくのです。神宮司廳営林部の

＊4　檜を育て、御用材をとる山。
＊5　第三章　一三四頁参照。

人々が苗植え、下草刈り、間伐と森での作業を一年中行い、ようやく御杣山としての役割を担うまでに至りました。今回の御用材の二割は神宮の森で伐採されたヒノキが使われたのです。実に七百数十年ぶりの快挙でした。

毎年四月中旬に神宮の森では植樹祭が行われます。神宮大宮司自らもこの日は鍬をふるい、ヒノキの苗を手植えされます。私も植樹をさせていただきました。一本、二本……急な斜面で足を踏ん張りながらの作業は見ている以上にしんどいもの、額から汗が流れ出ます。この日、神職らが植樹した一五〇〇本の苗のうち、二〇〇年後に宮柱となるのは一～二割の二〇〇本ほどといいます。森の中に身を置いてこそわかる森作りの厳しさ。足元の小さな苗木の明日を願わずにはいられませんでした。

伊勢では、平成一八、一九年と遷宮の御用材を神宮へ運び込む「御木曳[*6]」がありました。二年がかりで約二五〇〇本のヒノキを神宮へ納めるという遷宮行事の一つです。伊勢市民と全国の崇敬者により外宮《げくう》[*7]へは町の中を奉曳車[*8]にのせて曳き、内宮へは古い習慣に従って五十鈴川の川中を川ゾリでさかのぼりました。

*6 第四章 一八四頁参照。

*7 豊受大神をまつる。内宮と合わせて両宮と尊ばれる。

*8 御用材を載せて人力で曳くための巨大な台車。各奉曳団が所有する。

〽御木は木曾山　谷々越えて

清き流れのそれは五十鈴川

ハーヨーイトナー

梅雨明けの七月下旬、勇壮な木遣り唄が水面に響き、「川曳」が賑やかに行われました。神宮の森で生まれた水を、御用材も手綱を曳く人もたっぷりとかぶるのです。それは五十鈴川の川音を聞いて育った内宮前の人たちの最高の喜びでもあります。

木遣りにも唄われる「清き流れ」。神宮司廰営林部にその理由を伺うと「水源となる山から土砂の流れる量が少ないからです」。五十鈴川の水源にあたる神宮の森が、管理の行き届いている証であったのです。五十鈴川の清らかさは、遷宮を支える神宮の豊かな緑から生まれているのでした。

素木の社殿、唯一神明造

神さまが住まい、そして人々が祈りを捧げる社殿。日本人の御親《みおや》神と仰がれる天照大神のご正殿《しょうでん》は、ヒノキの木肌そのままの素木《しらき》で造られています。色鮮やかな朱の柱も、精緻《せいち》な彫刻もない、簡潔な様は、自然の息吹さえ感じさせます。四季の移ろいの中で生きてきた日本人は、緑の森に調和した清らかな社殿を造ったのでした。

——あたかも天から降った神工のようなこの建築

今から七五年ほど前、ドイツの建築家、ブルーノ・タウト[*1]は伊勢神宮の社殿をこう讃えました（『日本美の再発見』岩波新書）。それまでは畏れ多いと建築物として論じられることがほとんどなかった神宮の社殿は、ナチスを逃れて日本に滞在した世界的な建築家によって、その美が再発見されたのです。

神社の建築様式は多様で、それぞれに特徴を備えます。伊勢神宮の社殿

＊1　1880～1938年。

は、「唯一神明造《ゆいいつしんめいづくり》」*2と呼ばれています。この様式は高床の穀倉から発展したといわれ、史料としては八世紀中頃までさかのぼれますが、それ以前の律令国家の象徴として成立したと考えられています。古代の最高の技術と材料で建てられた建物が、二〇年に一度の造替《ぞうたい》を繰り返す式年遷宮によって、目の前にあるという奇跡。地面に穴を掘って、地中に直《じか》に柱を埋める掘立柱《ほったてばしら》、屋根の上に突き出た千木《ちぎ》、萱で葺いた屋根は、耐久性が低いため現在の寺社ではほとんど見られません。

「唯一神明造」の社殿の前にたたずむと、自然に頭が下がります。それは祈りを捧げたくなるほどの美と壮厳がそこにあるからではないでしょうか。タウトが感嘆した社殿は、私たちが求めた「祈りの形」なのです。

こうした社殿の造営にあたるのが神宮の宮大工たちです。

「民家との違いは丸柱を扱うことです」と、前回の遷宮（平成五年）で内宮の正殿造りを担当した宮大工、小崎昌也さんは言います。社殿を支えるヒノキの丸柱は直径六〇センチに揃えられます。丸太に八角形の墨つけをして、角を削ることによって丸柱にしていくという作業が独特です。

数ある丸柱の中でも特筆すべきは棟持柱《むなもちばしら》です。大きな屋根を建物の両側

*2 伊勢神宮独自の様式のため、他の神明造と区別してこう呼ぶ。

で支える柱で、壁と離れて独立して立ちます。ほかの柱より一回り太い直径六六センチ。御木曳行事でも棟持柱を曳くのは奉仕する者にとって何よりの栄誉とされます。

「古代は実際に屋根の重みを支えていましたが、今は壁板で支える構造なので、最初は棟木と棟持柱の間は一〇センチほど空いています。しかし二〇年経つと、壁板が収縮して屋根と棟持柱がぴたりと合うのです」とは小崎さん同様、前回の式年遷宮で社殿造営に関わった神宮司廳営繕部の宇《う》津《つ》野《の》金彦《かねひこ》技師です。構造上は不要な棟持柱。けれど古式にのっとり、太い柱を使い、大切にしているのです。

日本では神さまを一柱、二柱と数えるように、神さまの依代《よりしろ》*3となる木を神聖視してきました。そして地面から垂直にそそり立つ柱もまた尊んできました。そんな木の信仰を根底に感じます。

宇津野技師は、「新社殿を風雨から守るための屋根*4を取り払った瞬間、素木造の社殿は輝くようにきれいでした」と話してくれました。伐採された木が社殿の材となる時、木の芯に宿っていた生命が放つ輝きなのかもしれません。神宮では、「白木造」ではなく「素木造」と記すのも、木が本来もつ〝素〟の力を生かした造りということなのでしょう。

*3 神さまのよりつく物。樹木や石、幣串など種類は多い。人によりつく場合は「尸童」（よりまし）という。

*4 社殿造替中は、屋根で覆って作業を行う。

*5 内宮の玄関口に架かる純木造橋。式年遷宮とともに架け替えられる。

ご正殿の棟持柱は、その役目を終えた二〇年後、今度は宇治橋[*5]の鳥居となって参拝者を迎えます。内側の鳥居が内宮、外側の鳥居には外宮の旧棟持柱が使われ、私たちはその大きさ、太さを間近にできます。すっくと立つ柱は今なお神々しく、堂々たるもの。その姿は日本人が崇めてきた木のもつ生命力の強さを物語っています。

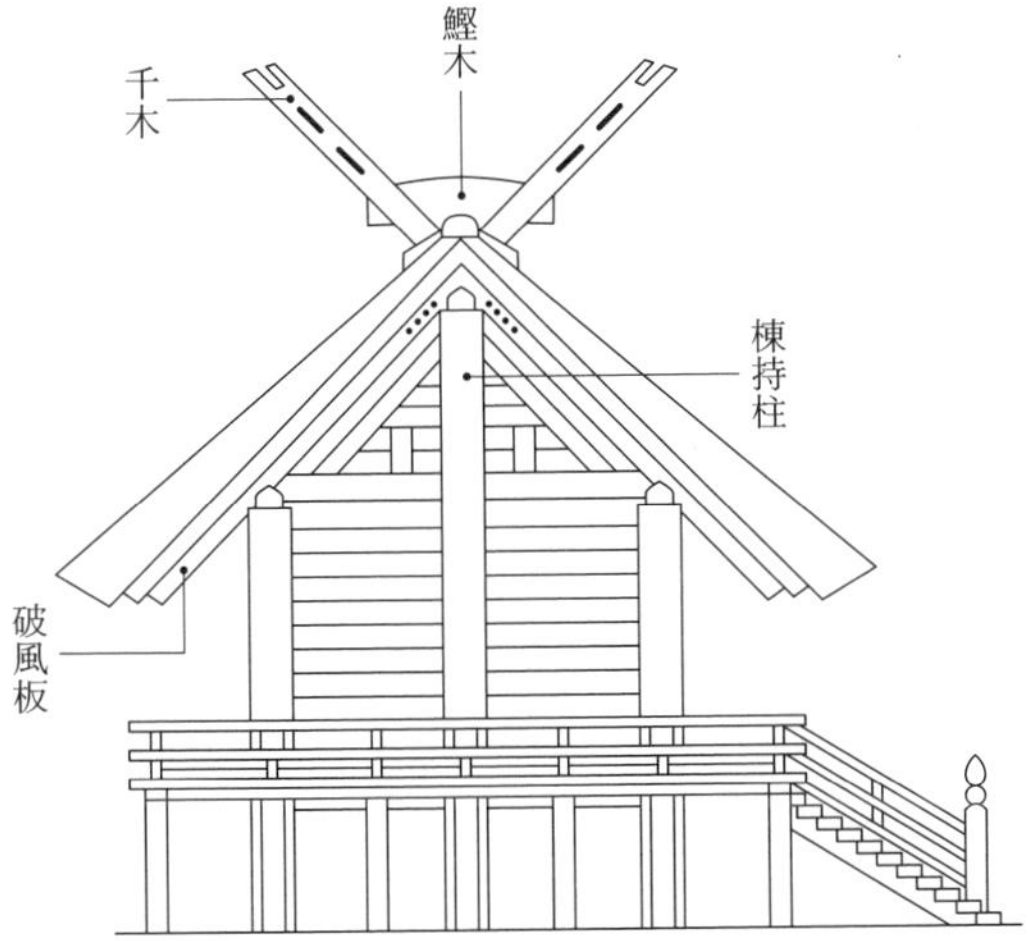

〈ご正殿側面図〉
破風板の先端が屋根を貫き、千木となっている。棟の上には鰹木が並ぶ。

古代日本の形と心を伝える

神さまのお引っ越しである式年遷宮は二〇年に一度の大祭です。神さまが鎮まる社殿から殿内を飾る御装束神宝《おんしょうぞくしんぽう》まですべてを定期的に造り替えるという、世界にも類を見ない制度は、今からおよそ一三〇〇年前の飛鳥時代に定められました。

そのころ日本では、大陸の進んだ文化や制度を取り入れながら国家としての形を整えていました。律令や国史の編纂に着手し、古くからの氏姓《うじかばね》制を改めたほか、「天皇」の称号を使い始めたのもこの時代といわれます。陣頭指揮をとっていたのは天武天皇。[*1] 皇位継承をめぐる壬申の乱[*2]では、伊勢神宮を遥拝した大海人《おおあま》皇子（のちの天武天皇）軍に伊勢からの神風が吹いて勝利がもたらされたと『万葉集』一九九段に記されています。

伊勢の天照大神への崇敬の念が強い天武天皇が発案し、妻の持統天皇が

*1 ?〜686年。第40代天皇。天智天皇の弟。

*2 672年、天智天皇の崩御後、長子の大友皇子と弟の大海人皇子が戦った。

完成させた二つの宮があります。

一つは色鮮やかで堅牢な藤原宮[*3]（奈良県橿原市）。もう一つは素朴なヒノキの素木造の伊勢神宮という、まったく異なる形のものでした。

「唯一神明造」と呼ばれる神宮の神殿は、古代の最大級の高床式穀倉を原型としています。ほとんど飾りのない素木造の建物は、簡素を極めた中に、美しさと尊厳を漂わせます。米を主食としてきた日本人にとって、収穫した米や保存用の籾種を貯蔵する穀倉は命の源でもありました。

一方、藤原宮は大和三山に囲まれた飛鳥の地に、唐の都にならった恒久的な宮を目指し建てられました。柱の下に礎石を敷き、屋根には瓦を葺き、丹《に》や青など華やかに彩色された建物といわれています。藤原宮は、天皇の代替わりのたびに宮を造営するこれまでの慣行を打ち破ろうとしたものでした。

天武天皇の遺志を受け継いだ持統天皇は、即位した六九〇年、内宮の第一回式年遷宮を、その二年後に外宮の式年遷宮を実施しました。そして藤原宮遷都は外

*3 持統・文武・元明3代の宮城。

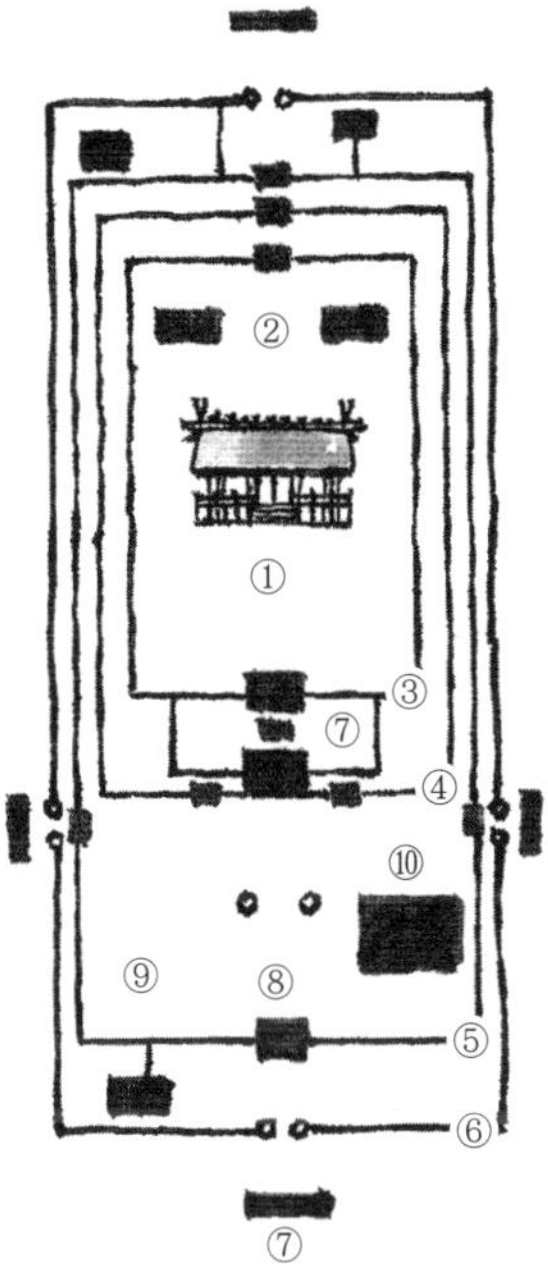

〈内宮御正宮〉

五重の御垣に囲まれたご正殿に、天照大神が鎮まる。

①ご正殿②東・西宝殿③瑞垣④内玉垣⑤外玉垣⑥板垣⑦蕃垣⑧外玉垣南御門⑨中重⑩四丈殿

宮遷宮から二年後の六九四年。ほぼ同時期に二つの大事業が行われていたのです。

伊勢神宮と藤原宮。国づくりが進むなかで、日本の政治の舞台である役所を中国風に、そして日本人の心を束ねる社殿は日本固有の形にしました。あふれる外来文化の中で、天武、持統天皇は昔からの神祭祀や伝統が息づいた日本の原型を、神宮という形で残そうとしたのではないでしょうか。さらにそれを生きたまま伝える式年遷宮制度を設けたことは、叡智というしかありません。

五十鈴川のほとりに鎮まる伊勢神宮内宮。天照大神をまつる正宮は、長い参道の奥にあります。三〇段あまりの石段を上り、板垣[＊4]の内に入ると、大勢の参拝者にもかかわらず静けさが広がります。板垣の内は撮影禁止、ここでは自分の眼や耳、五感を研ぎ澄まして、神さまに拝します。

参拝するのは外玉垣《とのたまがき》の南御門《みなみごもん》の前。一般の神社では拝殿[＊5]で手を合わせますが、神宮には拝殿がありません。天照大神はさらに内玉垣《うちたまがき》、蕃垣《ばんがき》、瑞垣《みずがき》と、五重の御垣に囲まれた社殿に鎮まります。内宮には外宮にはない蕃垣が短いながらあるため、一つ御垣が多いのも、それほど尊いということな

＊4　五重の御垣の一番外側。〇二七頁の図参照。

＊5　本殿の前に設けた礼拝を行う前殿。

のでしょう。山口誓子[*6]は「初詣神は五重の垣の内」と五重の御垣の中に鎮まる天照大神を詠んでいました。

私たちが拝する外玉垣に臨む空間を「中重《なかのえ》」といいます。ひとたび祭りとなれば、玉石を敷き詰めた「中重」に筵を敷き、その上に神職が正座をして神事に臨むのです。地面にひれふす姿に最初は驚きますが、次第に神さまの前では当たり前のことのように思えてくるのです。

神宮の神事に欠かせないのが「八度拝《はちどはい》」という古来の拝礼です。「八度拝」は四度立ち上がっては額《ぬか》ずき、拍手《かしわで》を八つ打つという最も丁重な作法。神職が石の上で「八度拝」を行うひたむきな姿は、いつ見ても心を打たれます。そこには、古代からの祈りの形がうかがえます。

長い長い歳月を経て、人々の暮らしも、考え方も環境も変わりました。けれども伊勢神宮には、古代のままの社殿が変わらずに建っています。二〇年に一度の式年遷宮によって、伊勢神宮には太古の姿と祈りが残されているのです。

*6　1901〜1994年。俳人。伊勢を愛し、神宮にちなむ句を多く詠んだ。

【内宮】
参拝時間は5時〜17時30分（1〜2月）、5時〜18時（3〜4・9〜10月）、4時〜19時（5〜8月）、5時〜17時（11〜12月）。12月31日〜1月5日は終日参拝可能。
伊勢市駅または宇治山田駅から内宮前行きのバスで約15分。問い合わせ／神宮司廳広報課☎0596（24）1111

宮が遷る、神さまが遷る

一三〇〇年もの長きにわたり、繰り返してきた式年遷宮。その壮大な祭りを象徴するのが、隣り合う二つの宮地、御敷地《みしきち》です。

二〇年に一度の式年遷宮は、更地《さらち》の御敷地に社殿が新しく建てられ、古い社殿から神さまにお引っ越しを願う仕組みを継承してきました。現在、社殿が建つのは東の御敷地、今度の遷宮（平成二五年）では西の地に社殿が新たに建てられます。

社殿の老朽化などにともなう一般の神社の遷座では、仮殿を設けるなど一時的に神さまを遷《うつ》し、その間に元の宮地に新社殿を造営するのがほとんどですが、神宮の場合は、東から西へ、そして西から東へと二〇年ごとに神さまが遷るという特別なものです。そのため遷宮の年には二つの御敷地に新旧の同形の社殿が建ち並ぶ、印象的な風景を拝することができるのです。

社殿を造替する遷宮は、奈良時代には別宮《べつぐう》[*1]、さらに平安時代初期には摂

*1　正宮の「わけみや」。内宮に10カ所、外宮に4カ所の別宮がある。

社[*2]にまで拡大されていきます。律令制度の下、式年遷宮は一段と整備が進められていったのです。以来、今に至るまで六一回を数えます。

けれど、宮を遷し、神さまを遷すという儀式は、この制度より以前にさかのぼることができるといいます。

古代、天照大神を奉りながら、各地を巡り、大神の鎮座地を探した倭姫命の巡幸が伝わっているからです。

『神宮史年表』（神宮司廳編）では、崇神天皇六年豊鍬入姫命《とよすきいりひめのみこと》をして天照大神を倭笠縫邑《やまとかさぬいむら》[*3]に奉斎、三九年丹波国吉佐宮《よさのみや》[*4]に天照大神を四年奉斎……と神さまの巡幸の歴史から通史が始まるように、宮遷しの伝統は、伊勢に鎮座する以前に端を発していることがわかります。

また、天照大神が各地を遷ることによって、古代、稲作が広まったとも考えられています。遷宮が行われる理由は、建物の耐久性、技術の伝承、備蓄米の年限など諸説ありますが、天照大神は遷ることによって、その力を顕してきた神さまでもあるのでしょう。

正宮の隣には六八〇七平方メートルの西の御敷地があります。現在は造替のための工事が始まり、板垣に囲まれて新御敷地は拝見できなくなりま

*2『延喜式神名帳』（927年）に載る社。神宮には43の摂社がある。
*3 現在の奈良県桜井市、檜原神社付近。
*4 現在の京都府宮津市内にあった。

したが、別宮の隣には、更地の御敷地を眼前にすることができます。

遥か昔、私たちの祖先は、常緑樹に覆われた神聖な地に、神さまを招き寄せる依代を立てて儀式を行っていました。それが、神籬《ひもろぎ》や祠を建てるようになり、やがて社殿の造営に発展していったといいます。

建物が取り払われた更地に臨むと、社殿も何もないにもかかわらず、圧倒されます。それは、周囲の音が玉石《たまいし》*5に吸収されたかのように森閑と潜《ひそ》める、静寂のせいかもしれません。おそらく空から見れば、杉木立が途切れ、神宮の森の中からぽっかりと浮かびあがって見えるのが二つの御敷地――神さまが天から降りてくるとしたら、きっとこの地を選ぶことでしょう。御敷地を前にすると、ここで神さまを迎えた古代の人々の厳かな気持ちに寄り添うことができたように思うのでした。

御垣越しには、千木が貫く社殿の萱葺屋根が望めます。神さまが住まう現在の社殿に対して、更地は原初の祈りの風景を思わせます。そして、そこは次代の遷宮を待つ地でもあるのです。

伊勢神宮の御敷地は、ふたたび社殿が建てられる更地を併せ持つことによって、伝統だけでなく、繰り返されながら続く遷宮の未来をも予測させてくれます。

*5 御敷地に敷かれた、こぶし大の白い石。

継承へ、苦難の道のり

持統天皇の時代より一三〇〇年、揺るぎない営みとして二〇年に一度繰り返されてきた式年遷宮。神さまが新しい宮に遷る昭和四（一九二九）年の「遷御《せんぎょ》」*1の列を描いた絵巻*2には、一一八人もの長い神職の列が目をひきます。絵巻の列はまだ続きますから、毎年秋の神嘗祭《かんなめさい》に奉仕する約五〇人からすると倍以上にのぼります。その手には楯や桙《ほこ》、梓弓、太刀、琴などの神宝が見えるほか、高松塚古墳の壁画にも描かれている紫色の翳《さしは》（扇）を数人が捧げ持つなど、王朝絵巻さながらです。

「遷御」の列は、また日本の伝統美術工芸の技の結集でもあります。手作りによる御装束神宝は七一四種、一五七六点にもおよび、携わる職人の数も一〇〇〇は下らないといわれます。それだけに実際、遷宮にかかる費用は膨大で、今度の第六二回には総額五五〇億円が見込まれるほど。遷宮の存続は、その財源を確保することでもありました。

*1 本殿から新殿へとご神体を遷す、遷宮行事のクライマックス。

*2 「昭和四年式年遷宮絵巻」。本書見返し参照。

式年遷宮は制度発足以来、律令国家の一大事業として行われましたが、平安時代になると貴族や寺社の私的な荘園が各地に作られ、班田をもとにした律令的土地制度がほころび始めます。遷宮費用をまかなってきた朝廷の財源が揺らぎ始めたため、考え出されたのが「役夫工米《やくぶくまい》」と呼ばれる貢米です。役夫のかわりに米を納めるという臨時の税が全国に課せられ、遷宮費用にあてられました。やがて武士が台頭し、公家から武家へと権力が移ると、遷宮の存続も危うくなるかに見えました。そんな時、源氏の棟梁、源頼朝は神宮に戦勝祈願をします。後に平家を倒した頼朝は神宮に格別の崇敬の念をもち、その信仰は東国の武士団に広がっていきました。そこには外宮神職の度会《わたらい》氏*3の存在があります。

役夫工米の制度は貨幣の流通とともに金銭での代納を可能として引き継がれたため、古代から中世にかけての変動期でも、遷宮は磐石でした。

一転して、室町時代は神宮にとって苦難の時代となります。南北朝の対立などで、足利幕府の力が衰えると役夫工米の徴収が困難となり、二〇年に一度の「式年」が滞り始めます。

*3 外宮の禰宜（ねぎ）・権禰宜（ごんねぎ）を世襲した一族。内宮は荒木田氏が世襲した。

内宮第三九回　一四三一年
内宮第四〇回　一四六二年
仮殿　一四九七年
仮殿　一五二一年
仮殿　一五四二年
仮殿　一五七五年
内宮第四一回　一五八五年

三一年ぶりに行われた内宮第四〇回のあと、世の中は応仁の乱[*4]から戦国の動乱期となり、遷宮は一二〇年以上途絶えてしまいます。その間は、天照大神をまつるご正殿ですら朽ちても造営されず、二〇年から三〇年の間隔で仮殿に遷すという臨時的な措置でしのいでいました。

こうした神宮の窮状に伊勢国司の北畠一族や御師[*5]らが遷宮費用を寄進しますが、中でも「慶光院《けいこういん》」の院号で呼ばれた勧進尼僧[*6]の活躍がありました。遷宮費用をもはや役夫工米に頼らず、諸国を勧進し、寄付を募る方法に切り替えたのです。初代の守悦《しゅえつ》が神宮に申し出て、人々から募金を集め、まず内宮の宇治橋の架橋をなしとげます。

*4　1467～77年。細川勝元派（東軍）と山名持豊派（西軍）が京都を中心に戦った。

*5　神に対する信者の祈願の仲立ちをする一種の神職。伊勢では「おんし」と呼ばれ、のちに伊勢講を組織して全国から参詣者を集め、神宮信仰を全国に広めた。

*6　寄付を募りながら諸国を回る尼僧。

そして三代清順《せいじゅん》が外宮の遷宮、四代周養《しゅうよう》は織田信長、豊臣秀吉から寄進を取り付け、その結果、天正一三（一五八五）年ようやく内宮と外宮の正式な遷宮が行われます。神宮の再興のために尼僧が寄付を募る、か弱い女の身でありながら、東西に奔走してお願いする勧進の旅はさぞ厳しいものであったでしょう。神さまを敬う尼僧らの一途さは、人々の心を動かしました。

「慶光院」は後に、徳川幕府から宮川河口の伊勢市磯町を寄進されます。今も磯町の御木曳は特別に「慶光院曳き」と呼ばれ、内宮ご正殿の御扉用の材を唯一、宮川河畔から内宮までの長い距離曳くという名誉ある伝統が続いています。

こうした苦難を乗り越えて、神宮は庶民が伊勢参りに熱狂する江戸時代を迎えるのです。

日本人の旅の原点、伊勢参宮

「一生に一度はお伊勢さん」と、伊勢参りが庶民の憧れの旅となった江戸時代。神宮の遷宮は徳川幕府が費用をすべて負担したため、二〇年に一度の「式年」が守られ、順調に行われました。御用材を曳く御木曳や正宮の敷地に白い石を敷く「御白石持《おしらいしもち》」[*1]など、神領民と呼ばれる伊勢の人々が奉仕する行事が盛んになったのもこの時代です。

たふとさに皆押し合ひぬ御遷宮

元禄二（一六八九）年九月一三日、『奥の細道』紀行を終えた松尾芭蕉が外宮の遷宮を拝して詠んだという句からも、当時の人々の熱気が伝わってきます。

その頃の伊勢参宮は、神宮信仰を全国へ広めた「御師」という存在が大きく影響していました。外宮・内宮前には御師の邸宅[*2]がずらりと軒を連ね、自らの参宮客をもてなし、宿泊させていたのです。

*1 伊勢市民らが白石を奉献する。次回は平成25年に行われる。
*2 江戸前期の寛文年間（1660年代）、外宮だけで391軒を数えた。

御師は全国各地にそれぞれの「縄張り」を持ち、共同で参宮資金を貯める「伊勢講」を組織します。そして、代表者数名が伊勢へ参宮する代参[*3]という仕組みを作っていました。そのため参宮に来られなかった伊勢講の講員に参宮の証として配る、伊勢の土産[*4]も発展したのです。また、六〇年周期で起こった「おかげ参り[*5]」という爆発的な参宮の流行もありました。

時代は徳川の封建の世から近代国家へと変革します。幕府から新政府に代わっても、遷宮は国家が費用を負担する国家事業として受け継がれていきます。明治の初め、天皇の参拝という神宮の歴史上初の出来事がある中で、伊勢参宮をプロデュースしてきた御師の廃止や神札配布の停止など神宮の大改革がなされました。神宮の東京移転ということこれまでありえなかった議論もなされたほどです。伊勢の町は廃仏毀釈《はいぶつきしやく》[*6]が徹底され、百数ヵ寺が廃寺に及びました。

また、欧風化の中で、遷宮の造営は非合理的と批判され、社殿の掘立柱の下に礎石を敷く、またはコンクリート造にして恒久的な建物に変えるなどの意見も出ました。しかし、明治天皇の「永世《えいせい》不変のものでなくてはならぬ」というお言葉により式年遷宮は遵守されます。

*3 それまでは講親の宅に集まり、拝礼する「居参宮」が一般的だった。

*4 白粉や萬金丹、熨斗鮑、伊勢暦など。形にならない伊勢みやげが「伊勢音頭」で、全国に広まった。

*5 1650年、1705年、1771年、1830年、1867年(ええじゃないか)。

*6 明治元(1868)年の神仏分離令をきっかけに起こった仏教の排斥運動。仏堂や仏像の破却、僧侶の還俗などが相次いだ。

古くなる前に新しい社殿の造営を行う式年遷宮は、「常若《とこわか》」という神道の考え方を根底にもちます。いつも若々しいこと、いつまでも若いさまを「常若」といいますが、神さまにいつも清浄な社殿に鎮まっていただくことで、若々しくて大いなる力を備えてほしいという願いがあるのです。建物の老朽化というハード面だけでなく、「常若」の精神というソフト面も遷宮を必要としているのです。

明治という、人心が一新した時代であったからこそ、変えてはいけないものが明確になったともいえます。その一方で、政府が太陰暦から太陽暦に改めたため、神宮の祭りの日時も新しい暦を採用するなど、変わったものもありました。

室町時代後期の遷宮中断期に次ぐ危機を乗り切った神宮は、今度は太平洋戦争の敗戦という時を迎えます。終戦とともに国家と分離した伊勢神宮は一宗教団体となり、保護する法律も手段もないままに、困難に直面していました。神域の大木の盗伐、参道にジープで乗りつけるGHQの兵士、参拝者も戦前に比べて一割程度にまで落ち込みます。神宮の鳥居前に軒を連ねる旅館や土産店も次々と店じまいという有りさま……。第五九回の昭和二四（一九四九）年には民意によって宇治橋が架け替えられただけで、遷宮は行われませんでした。

それでも、神宮を守りたい――という人々の願いは根強いものがありました。同二五年、神宮は祭主《さいしゅ》の北白川房子氏[*6]を総裁とする伊勢神宮式年遷宮奉賛会を発足させ、全国から募金を集めたのです。ちょうど遷宮中断期、慶光院の尼僧たちが先頭に立って寄付を集めたことと重なります。

神宮をはじめ関係者の心配をよそに、敗戦の痛手の中でありながら続々と寄付金が集まりました。同二八年、内宮・外宮の遷宮挙行。国家の手を離れ、神宮奉賛会が中心となる「民の遷宮」の始まりです。

新年、伊勢神宮には全国から多くの参拝者が訪れます。正月三が日だけでなく、二月の建国記念日あたりまで初詣が続くのは、正月は近くの氏神に参り、神宮へは改めて参拝するからといいます。清々しい気が漂う境内に参拝すると誰しもリフレッシュされて新たな力が湧いてきます。それは、式年遷宮によって蓄えられた「常若」の力をいただいているからに違いない、と思うのです。

＊6　明治天皇の第七皇女。

引き継がれる手わざ、敬う心

その数は七一四種、一五七六点。太刀、鏡……それに弓や矢などの武具、紡績具、琴、硯、見事な真珠など、神さまがお使いになる道具や調度の品々は実に多種多彩です。伊勢神宮では二〇年に一度の式年遷宮のたびに、数々の神宝もことごとく新調されて、新しく造営された社殿の内に奉納されます。

また、神座を飾る布帛《ふはく》類や、神さまの衣服、足袋、沓《くつ》、お引っ越しにあたる遷御の祭に使用する威儀《いぎ》具などの装束も併せて新調されます。こうした装束と神宝は、九世紀に編纂された『皇大神宮儀式帳』[*1]『止由気《とゆけ》宮儀式帳』[*2]、一〇世紀の『延喜式』[*3]に記載された品目や仕様を基本としたもの。天平文化の粋が納められた奈良・正倉院と違って、神宮の神宝は古物ではありません。古代の生活用具や祭祀用具を現代の匠の手による新しい品で今に伝えているのは特筆すべきことです。

＊1 内宮の儀式や行事を記した書。804年に朝廷に提出。

＊2「皇大神宮儀式帳」と一対をなし、外宮の儀式や行事を記す。

＊3 平安初期の禁中の年中儀式や制度などを記す。康保4（967）年施行。

かつては日常の中にあった神宝類の製作技術も、現代では社会や生活とかけはなれたものになりつつあります。しかしながら、二〇年に一度、当代きっての匠たちが古式にのっとり、材料を探し、磨いた手わざで神宝に取り組んできたために、伝承された技術は少なくありません。

次の式年遷宮に向けた神宝作りはすでに始まっていました。

東京都杉並区の古澤康史さんの工房を訪ねると、平緒《ひらお》の製作中でした。平緒は神宝の真っすぐな大刀（直刀）を腰につけるための帯で、今ではほとんど見られない組物です。専用の作業台にかけられているのは四三二本の絹糸。これを丹念に手組みして、長さ三七〇センチ、幅一二センチの平緒に仕上げます。

この技術は「唐組《からぐみ》平緒」と呼ばれ、遷宮でしか組まれることのない秘儀ともいえます。前回の遷宮では父親が手がけ、そして今回は物故した父親に代わり、その息子の手により進められているのです。父から子へ――、式年遷宮によって伝統技術が守り伝えられていました。

古澤さんが組み上げた平緒には、今度は京都で刺繍が施されます。

京都の老舗、西刺繍の工房では、帯の刺繍に取り掛かっていました。「こんな固い帯に刺繍をするのは初めて。一つの紋に三本も針を折ったほど」と同工房の西武一さんは驚きの声を上げます。一つの紋を刺繍するのに二週間以上はかかるといいます。

それにしてもなんと美しい刺繍でしょう。鸚鵡文《おうむもん》と呼ばれる鳥をモチーフにした文様は青色、黄土色、茶色、白色の糸で刺されていきます。この刺繍糸もすべて樹皮などの植物染料で染め上げたもの。「底色《そこいろ》がある」と西さんは古来の色を絶賛します。

こうした御装束神宝類は、神宮式年造営庁神宝装束課で実寸大の図面と仕様書とが作られ、製作者に渡されます。その図面は二〇年前と寸分違わぬものですが、コピーではなく、すべて新たに手で書かれたものです。「神さまに捧げる麗しい御神宝を作ってもらうのです。その責任の重さをメッセージとして伝えるために、手書きなのです」。同課の技師の言葉に神宝の担当者としての責任の重さもまた感じました。

神宮の神宝類は、明治時代までは遷宮がすむと燃えるものは焚き上げられ、ほかは土中に埋められていました。神さまがお使いになった御料《ごりょう》だからほかに使われるのは畏《おそ》れ多いと考えたからです。今では内宮と外宮のも

*4 瑞垣内に御正殿とともに建つ。

のは遷宮の後に西宝殿[*4]に移され、その次の遷宮時に下げられ保存されます。また、その一部は伊勢神宮の博物館である神宮徴古館《ちょうこかん》[*5]で常時展示されています。神宝を拝見すると、四〇年以上たっても色あせることなく、清澄な光を放っているのでした。

匠たちの魂の結晶である品々の美しさに、長い年月をかけて引き継がれてきた「ものづくり」の原点を見る思いがします。

＊5　第三章　一四二頁参照。

外宮

——神さまの食を司る

伊勢神宮で一五〇〇年間、毎日欠かさず続けられている祭りがあります。日《ひ》別《ごと》朝《あさ》夕《ゆう》大《おお》御《み》饌《け》祭《さい》。*1 一日に二回、神さまにお食事を差し上げる祭りで、神宮では常の祭典という意味の「常典《じょうてん》」とか、「御饌」と呼び慣わしています。

この毎日の祭りは、天照大神をまつる内宮ではなく、天照大神の食事を司る神として今から一五〇〇年前に、丹後の国（現在の京都府天橋立あたり）から迎えられた豊受大神をまつる外宮で行われています。外宮はＪＲ伊勢市駅から歩いて五分ほど。市街地の中にあります。

朝まだき、外宮の森に白煙が立ち昇ります。神さまが鎮まるご正宮の北側に建つ忌《いみ》火《び》屋《や》殿《でん》*2で、お食事（神饌《しんせん》）の用意が始まりました。神職は準備のために前日から斎館《さいかん》で参籠し、潔斎《けっさい》を行った後に火を鑽《き》り（おこす）、井戸で水を汲み、米を蒸します。

神饌は御飯《おんいい》三盛、御塩《みしお》、御水が基本。さらに、乾鰹（鰹節）、魚類、海藻

*1 お祭りは原則として見られないが、御火鑽具やお祭りの神饌の模型は伊勢市内の「神宮徴古館」に展示されており、間近に見ることができる。

*2 神さまの食事を調える台所にあたる。

類、季節の野菜・果物、清酒三献が加わります。それを六前（六セット）用意します。いずれも長い箸が添えられ、食材は土器に盛られています。食材は原則的に自給自足。米は神宮神田[*3]で収穫され、野菜と果物は神宮御園《みその》[*4]で栽培、御塩は御塩殿[*5]で製塩されます。

朝八時前、冠を被り、白い斎服姿に身を整えた神職が忌火屋殿前へ向かいます。奉仕する神職は禰宜《ねぎ》一名、権禰宜《ごんねぎ》一名、宮掌《くじょう》一名、出仕《しゅつし》二名の五名。お祓いの後、神饌を納めた辛櫃《からひつ》を担いで、御正宮の板垣の中へ、そして神さまの食堂にあたる御饌殿[*6]で天照大神をはじめとする神々にお食事を差し上げるのです。この御饌殿は伊勢神宮には外宮にしかなく、食事を司る外宮を象徴しています。

この祭りは雨の日はもちろん、太平洋戦争の空襲の日や、伊勢湾台風などの災害に見舞われた時も続けられてきました。外宮では神さまに感謝し、食材を集めて毎日のお祭りを重ねています。

人間が火を使って料理をすることは五〇万年前の北京原人までさかのぼり、火の使用が人類を大きく発展させたといわれています。毎日の祭りでは、静岡県の登呂遺跡で発掘されたものと同じ形式の御火鑽具《みひきりぐ》を使い、木

＊3 第二章 〇九四頁参照

＊4 第二章 一〇六頁参照

＊5 第二章 〇九〇頁参照

＊6 高床式の井楼組（せいろうぐみ）萱葺の建物。

と木をすり合わせておこした火で、神さまのお食事を調理するのです。神宮ではその火を斎火《いみび》と同じ意味の忌火と呼び、神饌と同じく忌火も神聖視され、見ることはできません。そこで祭りの後、特別に火を鑽っていただきました。

神職がヒノキの板にヤマビワ製の心棒をこすり合わせます。一分、二分、煙が細く上がります。ふいに、丸い火種がぽろりとこぼれました。生まれたばかりの直径一センチほどの火種。そこに乾燥した杉葉をかざすと、炎となってあたりを照らしました。時間にして数分。まるで人の手を介して神さまから頂いたような小さな火種は、神秘的な光を放っていました。

日本人は火への信仰が厚く、比叡山延暦寺の「不滅の法灯」や高野山奥の院の「消えずの火」など一〇〇〇年近く守り続ける永遠の火があります。その一方で神宮では毎日、新しい火を鑽ることで、古代から続く火を今日に伝えてきたのです。

一五〇〇年違わぬ毎日のお祭りに反して、私たちの食生活は変わりました。農水省の調べによると、米の消費量は昭和三七年を頂点にして約半分に減少しています。高度成長期以来、欧米型の食事が定着してきたことを裏づけます。米作りにつながる食物神として崇敬された外宮への参拝者数が内宮に逆転されるのも昭和三〇年代のこと、日本人の食生活の転換期を象徴するかのようです。伊勢では、両宮参りといって外宮から内宮へお参りするのが正式といい、二つのお宮を大切にしています。食の安心安全への関心が高まる現代、外宮は祈りを捧げるだけでなく、日本人の食事に対して警鐘を鳴らしているかのようです。

【外宮】
参拝時間は5時～17時30分（1～2月）、5時～18時（3～4・9～10月）、4時～19時（5～8月）、5時～17時（11～12月）。12月31日～1月5日は終日参拝可能。伊勢市駅から徒歩約5分。問い合わせ／神宮司廳広報課☎0596（24）1111

実りの季《とき》、祈りの時

伊勢平野の稲刈りがすっかり済むと、神宮のお膝元ではそわそわと「大祭《おおまつり》」を待ち受けます。大人も子どもも出し物の準備に大わらわ……。伊勢神宮の神嘗祭[*1]を市民が奉祝する「大祭」は、かつては町一番の祭りでした。

一〇月の神嘗祭は、神宮神田で収穫された新穀を天照大神に捧げ、神さまに嘗《な》めて（食べて）いただくというもので、年間一五〇〇以上を数える伊勢神宮のお祭りの中で最も大きく、重きを置かれています。また、伊勢神宮でしか行われていない特別な祭りでもあります。

天皇陛下が新米を召し上がる新嘗祭《にいなめさい》に比べて、神嘗祭は忘れられてしまったようですが、伊勢ではかつて神棚に赤飯とナマスをお供えして祝い、また神さまが召し上がるまでは畏れ多いと新米を口にしなかったといいます。

＊1　10月15～25日。

縄文時代後期に日本に伝わったとされる稲作。狩猟と採集が主であった人々にとって、稲作の到来は衝撃的だったことでしょう。その米を古代の人々は神さまからの贈り物としました。その昔、天上の高天原《たかまがはら》から天皇家の祖先である瓊瓊杵尊《ににぎのみこと》が神々を率いて地上に降りてきた際、天照大神から託されたのが三種の神器と稲穂。瓊瓊杵尊は、大神の言葉に従い、稲作を中心とした豊葦原《とよあしはら》の瑞穂の国を築いた、と神話は伝えます。神嘗祭は、大神から授かった米が今年もまた無事に収穫できたことを天照大神に報告する祭りであり、神話とつながる由来をもっているのです。

神嘗祭で神さまに最上のお食事を供える由貴大御饌《ゆきのおおみけ》の儀は夜の一〇時と翌日二時の深夜に行われます。取材陣に混じって参道に立つと、夜陰の向こうから松明と提灯の明かりが近づいてきました。祭主を先頭にした神職らの祭列です。足元を照らす松明が揺れると、人影も大きくなったり小さくなったり生きているごとく見え、まるで違う世界に紛れ込んだようです。祓いを受けた神職は、御饌を納めた辛櫃を担ぎ、正宮《しょうぐう》の御垣内へ。さらに内玉垣南御門の内に姿を消しました。

闇の中の正宮は、そびえ立つように大きく見えます。御垣内に敷かれた黒色の玉石は闇に沈み、神さまの住まう正殿に向かって敷かれた白石がぼうっと浮かび上がります。神職の方にうかがうと、満月の夜には月光を受けた白石が光を放ち、それは神々しい光景だといいます。闇の中にあってこそ輝く月光。旧暦の時代なら、神嘗祭の夜空（外宮一五日、内宮一六日）には満月が輝いていたはずです。

御門の中から、ふいに雅楽の音が聞こえてきました。神さまにお食事と御酒を捧げるたびに、榊葉《さかきば》、千歳と曲が変わります。神嘗祭で神さまに捧げる大御饌（お食事）は、特に最上級の御饌という意味の「由貴大御饌」と呼ばれ、新米の飯、お餅、新酒に加えて、アワビなど山海の美味を集めた三〇品目を数えます。収穫の喜びを神さまに伝えたい、そんなご馳走です。

祭りの前後には、キィーと門扉を開ける重々しい音、ザッザッザッと玉石を踏む規則的な音が大きく聞こえてきます。門構えに音と記して「闇」。神さまの門の前でその声、訪れる音を聞くということでしょうか。まさに神さまに祈りを伝えるには、聴覚が鋭くなる闇の中がふさわしいと思いました。

翌日の正午、勅使[*2]を迎え、正宮ではお祭りが行われます。玉垣には天皇陛下が皇居で育てられた御初穂をはじめ、全国から奉納された稲穂がたわ

＊2 天皇の意思を伝える使者。

わにかけられ、収穫の喜びに満ちています。この稲穂は懸税《かけちから》と呼ばれます。税とは人々を動かす力、それが転じて後には税金となりました。

神宮では神嘗祭を「神嘗正月」と呼び、祭器具などはできる限り新調します。この神嘗祭を二〇回重ねると大神嘗祭、式年遷宮を迎えるのです。

神に斎《いつ》く人、伊勢の斎王

伊勢の神宮から北西へ十数キロ離れた地に、斎宮《さいぐう》跡があります。そこは時の天皇の代わりとして天照大神に仕えた未婚の皇族女性「斎王《さいおう》」が住まう宮殿。幅一二メートルの道路や溝で碁盤の目状に地割がなされ、一〇〇棟以上の建物が並ぶという壮大なものでした。

古くは天照大神を伊勢へ導いた倭姫命らの伝承がありますが、伊勢の斎王は、壬申の乱を制した天武天皇が制度として確立しました。神宮制度の充実を図った天皇は、六七三年、実の娘で天智天皇の孫に当たる大来皇女《おおくのひめみこ》（大伯皇女）を斎王として選び、式年遷宮より先に着手しています。三重県立斎宮歴史博物館の榎村寛之学芸員によると、「近江へ都を移した天智天皇に反発した、大和などの地方の力を結集したのが天武天皇。壬申の乱の勝利の象徴として、大和になじみ深い伊勢神宮に大来皇女を遣わしたのは最高の人選です」。一四歳で斎王となった大来皇女は、都を離れて一三年にわたって神に仕えますが、その解任は弟、大津皇子[*1]の謀反の疑いが原因ともいわれています。

わが背子《せこ》を大和へ遣るとさ夜深けて暁露《あかつきつゆ》にわが立ち濡れし

大来皇女『万葉集巻二』

弟の行く末を案じた姉……大来皇女は和歌の名手でもありました。

以来、古代から中世にかけて六〇人余りの名を連ねる斎王。『源氏物語』の六条御息所《ろくじょうのみやすどころ》のモデルといわれる徽子《よしこ》女王、『伊勢物語』で在原業平のロマンスの相手となった恬子《やすこ》内親王など、斎王は都から離れた地で神に仕えるという特殊な女性ゆえに、次第に王朝文学に欠かせない存在となっていきました。

一〇世紀の『延喜式』には斎宮についての規制が定められるなど、律令国家の中で確かな位置づけをされています。

斎王は天皇が新しく即位をするたびに卜定《ぼくじょう》と呼ばれる占いで選ばれました。斎王となると、宮中に定められた初斎院《しょさいいん》で潔斎をし、さらに嵯峨野の

*1 663～686年。大来皇女の同母弟。文武両道にすぐれ、皇太子の草壁に次ぐ地位にあった。『万葉集』には死の直前、伊勢へ向かい姉にひそかに会ったと記されている。

野宮《ののみや》に入って心身を清め、足かけ三年を経た後に伊勢へ下ります。

伊勢への旅は五泊六日で、特に「群行《ぐんこう》」と呼ばれました。斎王は葱華輦《そうかれん》*2という格式の高い輿に乗り、斎王に仕える役人や女官など五〇〇人を超える壮麗な行列を従えました。

なぜなら斎王にとって、「旅する」ことはとても重要だったのです。都から赴いた斎王はほとんどを斎宮で暮らしますが、年に三度、伊勢神宮の神《かん》嘗祭《なめさい》と六月と一二月の月次祭《つきなみ》には、やはり行列を組んで赴きました。地元ではこれも群行と呼んでいたようです。前出の榎村さんはそこに、伊勢から離れた地に斎宮を置いた理由があると考えます。

「伊勢の斎王は常に旅をする存在。斎王の神宮への行列は、天皇の権威の象徴として民衆を感化していったのでしょう」

こうした斎王制度も、平安時代から鎌倉時代に移り、朝廷の力が衰えるとともに次第に衰退していきます。そして最後の斎王となったのが建武の新政を行った後醍醐天皇の娘、祥子《さちこ》内親王でした。鎌倉幕府を倒し、再び天皇の親政を目指す新政の象徴として斎王に選ばれた祥子内親王は、潔斎を行う野宮で詠んだ一〇〇首の歌を神宮に奉納。その熱意のほどがうかがえます。

*2 屋根の上に葱坊主型の吉祥飾りがある輿。天皇、皇后、斎王など特別な人しか乗ることがなかった。

しかし、建武の新政は二年半で崩壊、斎王は伊勢へ向かうことはありませんでした。ここに六六〇年続いた斎王制度は幕を下ろしたのです。

忘れめや神の斎垣《いがき》の榊葉に木綿《ゆう》かけそへし雪の曙《あけぼの》

祥子内親王『新葉和歌集』

天皇に次ぐほどの崇高な立場でありながら、時の権力者によって翻弄される脆弱な身上でもあったうら若き斎王たち。しかし、失意のうちに野宮を退いた祥子内親王の歌には、伊勢の大神へ仕える斎王としての清らかな心と誇りがあふれています。

現在、毎年六月、斎宮跡では斎王まつりが行われ、一般から選ばれた斎王の雅やかな群行が再現されています。斎宮が華やぐ時は、やはり斎王が旅をするときであるのです。

【斎宮跡】
昭和54(1979)年国史跡指定。「いつきのみや歴史体験館」や斎宮歴史博物館[☎0596(52)3800]がある。博物館には映像の上映や発掘品の展示、斎王群行の再現などがあり、斎宮の歴史を詳しく知ることができる。近鉄山田線斎宮駅下車。巻末地図二一三頁。
http://www.pref.mie.jp/saiku/hp/

前回の第61回式年遷宮の平成5(1993)年、神宮の森に新旧の社殿が並んだ。今回は写真の右から左へ、東から西の御敷地へと遷る。写真提供/神宮司廳

〈右頁上〉新御敷地より望む内宮の御正殿。妻側（側面）に壁と離れて立つ柱が棟持柱。地中に直に柱を埋める掘立柱は地震に強い構造といわれる。

〈右頁下〉真新しい白木の御正殿。「唯一神明造」と呼ばれる様式は、古代の穀倉、高床式倉庫が原型といわれる。

〈左頁上〉神饌が納められた辛櫃を担いで、外宮の御饌殿に向かう神職の列。

〈左頁下〉神饌。御飯三盛、御塩、御水を基本に、乾鰹、魚類、海藻類、季節の野菜と果物、清酒三献が加わる。

写真提供／神宮司廳
（4点とも）

玉石が敷かれた外宮の「中重」。ここで「八度拝」などの神事が行われる。写真提供／神宮司廳

神嘗祭の由貴大御饌へ向かう祭列は、忌火屋殿前で人も御饌も祓い清められる。写真提供／神宮司廳

〈上〉神路山、島路山を水源とする神聖な川、五十鈴川。写真／著者
〈下〉太刀を腰につけるときに使用する帯・唐組平緒。11色もの紛糸で組み上げられる繊細かつ雅趣あふれる美しさ。写真提供／神宮司廳

第二章　神宮のみやがたり

――別宮と御料地を訪ねて

〝大神の遥宮〟瀧原宮

鎮座二〇〇〇年をほこる伊勢神宮。その神宮よりも古いお宮が、別宮《べつぐう》の瀧原宮《たきはらのみや》です。おまつりするのは「天照坐皇大御神御魂《あまてらしますすめおおみかみのみたま》」。内宮と同じ、天照大神です。

瀧原宮は、外宮近くを流れる宮川[*1]をさかのぼること約四〇キロ、その支流の大内山川が深い渓谷をつくる山間に鎮座します。伊勢からは車で一時間ほど、遠く離れた地にある宮は〝大神の遥宮《とおのみや》〟と呼ばれています。

瀧原宮の鎮座は、第一一代垂仁天皇の皇女、倭姫命が大和国にまつられていた天照大神を奉じて、鎮座地を探す旅の途中でした。伊勢の国に入り、宮川をさかのぼっていた倭姫命が砂を流すほどの急な瀬に困っていたところ、地元の真奈胡神《まなごのかみ》という神さまに助けられました。その真奈胡神に〝大河の滝原の国〟という美しい地に案内された倭姫命は、草木を刈り払ってそこに新宮を建てたと伝わります。滝原は大小の滝があるという意味の地

*1 紀伊山地の大台ケ原から端を発し、伊勢湾へ注ぐ。長さ91キロ。清流日本一にもなっている。

名です。緑の山々と清流が美しい滝原の地に天照大神を、いっときまつっていた由緒によって、瀧原宮は天照大神をご祭神とします。

伝承のままに、瀧原宮から六キロほど離れた宮川の岸には真奈胡神をまつる、もう一つの〝たきはら〟、多岐原《たきはら》神社が建ちます。そこは近年まで川の渡し船の船着き場となっていました。

瀧原宮の宮域は、一四を数える別宮のなかで最も広い四四ヘクタール。うっそうと茂る森に立つ素木《しらき》の鳥居から入ります。

参道には大きな杉が立ち並び、木の香とひんやりとした空気に充ちています。奥へと歩いていくと森の気に包まれるようで、なんともいえない爽やかさです。川に沿う参道は不思議と内宮によく似ています。どの宮よりも内宮から遠い瀧原宮が、実は一番似ているというのは鎮座の伝承を物語るかのようです。

参道の途中、脇道を下りると川岸に出ます。この宮には小さな手水舎《てみずしゃ》もありますが、手と口を清めるのはもっぱら川辺の御手洗場《みたらし》。あたりの緑を水面に映す流れに手を浸すと、思いがけず速い流れでした。山から流れ下る谷水の力強さが伝わってきます。ここでは、谷水で手を洗い、口をすすぐことは聖なる森に入っていくあたり前の作法のように思えるのでした。

再び長い参道を行くと視界が急に開け、二つの社殿が並び建っていました。向かって右が瀧原宮、左が瀧原竝宮《ならびのみや》。どちらも二重の御垣に囲まれ、まったく同形の神明造の社殿です。二つの宮が並びまつられるのは古い形といいます。黒石が敷き詰められた中に、鳥居から社殿へ、白石の道がすっと続きます。雨上がりは、黒と白の敷石が濡れて、息をのむような美しさです。本来なら白石の道筋は神さまの通る道でしょうが、心を静めて歩を進め、お参りします。

瀧原宮のさらに右手には若宮神社[*2]と長由介《ながゆけ》神社。そして若宮神社の左隣には、御船倉《みふなぐら》と呼ばれる板葺きの建物があります。古代の倭姫命が巡幸の際に使った船だとか、御神体を納める船形の容器の御船代《みふなしろ》を納めたなどといわれる建物ですが、詳しいことはわかっていません。別宮の瀧原宮は、内宮と外宮の式年遷宮の翌年に建て替えられる慣習ですが、その際、この御船倉も大切に新しくされているのです。宮川に近い瀧原宮にしかない御船倉は、古代へのロマンを深めてくれます。

「伊勢へ七度、熊野へ三度」。江戸時代には伊勢神宮へお参りしてから、熊野三山や西国三三カ所巡りへ向かう旅人が少なくありませんでした。瀧原

*2 瀧原宮の所管社。長由介神社も同様。

宮は、ちょうどその道すがら。宮域の一角には〝足神さん〟と信仰された青石がそのままにまつられていました。三つのくぼみがあるだけの素朴な石ですが、峠越え[*3]が続く熊野への難路を前に多くの旅人が手を合わせたことでしょう。瀧原宮を過ぎ、荷坂峠に出ると、黒潮洗う熊野の海が初めて見えます。〝遥宮〟瀧原宮は伊勢と熊野の境でもあったのです。

*3 海沿いに伊勢と熊野を結ぶ熊野古道「伊勢路」には、荷坂峠や八鬼山峠など、いくつかの難所がある。

【瀧原宮】
JR紀勢本線滝原駅から徒歩10分。松阪駅から直通の南紀特急バスが出ている。巻末地図二一三頁。

二つの〝ツキヨミ〟の宮

伊勢には月読尊《つきよみのみこと》をまつるお宮が二つあります。内宮の別宮《べつぐう》、月読宮と外宮の別宮、月夜見宮。字は異なりますが、同じツキ（ク）ヨミノミコトをまつります。

ツキヨミの神は、月そのもの、月を象徴する神格をもつといわれます。また、「月を読む」とは、月の満ち欠けを数えることともいわれます。明治以前、日本では月の満ち欠けを一カ月とした月の暦、太陰暦を使っていたため、月は暮らしだけでなく、農耕の目安ともなっていました。内宮、外宮ともにツキヨミの神をまつる別宮を有することは、太陽神（日神）とともに月神が尊ばれてきた証でしょう。

月読尊は伊勢神宮にまつられる天照大神の弟神。その出生を神話はこう記します。

『日本書紀』では国生みを終えた伊弉諾尊《いざなぎのみこと》、伊弉冉尊《いざなみのみこと》が「天下《あめのした》の主《きみ》たる者を生まざらむ」と日神を、次に月神、さらに素戔嗚尊《すさのおのみこと》を生んだと伝えます。そして、特に秀でた日神、天照大神は天上の高天原[*1]を治め、弟の月読尊は日神と並んで、同じく天上の月夜の世界を、弟の素戔嗚尊は根の国、海原を治めたといいます。

また、天照大神と月読尊が、昼と夜に分かれて住むようになったという話もあります。天照大神の命を受けて保食神《うけもちのかみ》[*2]に会いに行った月読尊が、保食神が口から吐き出したものを自分に食べさせることに腹をたて、殺してしまった。それを天照大神は非常に怒り、月読尊と会いたくないと昼と夜の世界に分かれたというものです。

生命力に充ちた日光の天照大神の世界と、闇を照らす月光の月読尊の世界。月はそれを見つめる人の目を射ることなく、神秘的な光を放ちます。古来、日本人は月を詩歌に大いに詠じてきました。『万葉集』には太陽よりも月の方が多く歌われたほど。闇にさす月光の清浄さ、神秘さは、日本人の美意識を大いに養ってきたのでしょう。

別宮、月読宮は、内宮から二キロたらず、石燈籠の立ち並ぶ御幸道路[*3]沿いの森に鎮まります。参道の奥には四つの社殿がずらりと一列に並んでい

*1 神話で天つ神がいたという天上の国。
*2 五穀を司る神。古事記では大気都比売神（おおげつひめのかみ）。
*3 下宮と内宮間を結ぶ。延長5・5キロ。

ます。向かって右から、月読荒御魂宮《つきよみあらみたまのみや》、月読宮、伊佐奈岐宮《いざなぎのみや》、伊佐奈弥宮《いざなみのみや》。月読尊をまつる月読宮とその荒御魂をまつる月読荒御魂宮のほかにも、父神の伊弉諾尊、母神の伊弉冉尊も一緒なのでした。いずれも内宮の別宮で、四つの宮が並ぶ姿は壮観です。

月読宮は、延暦二三（八〇四）年の『皇大神宮儀式帳《こうたいじんぐうぎしきちょう》』に「月読宮一院、正殿四区」と記され、平安時代には一つの御垣のなかに四つの宮がまつられていました。明治以降、四つの宮はそれぞれに御垣を巡らされ、現在に至ります。

一方、外宮近くの月夜見宮は、向かいに小学校、数軒隣は病院と市街地の中に建ちます。地元から親しまれ、伊勢の人々を中心とした月夜見宮奉賛会が結成されています。毎年春と秋には奉賛会が例大祭を行い、境内では餅まきや踊りが盛大に行われます。その日ばかりは、ふだんの厳かな雰囲気とは一転して、鎮守の森の祭りのような賑やかさです。

月夜見宮から外宮の北御門口へ続く真っすぐな一本の道があります。この道は夜になると、月夜見の神が石垣の石をひとつ、白馬に変えて外宮にお参りになるという言い伝えから「神路通《かみじどおり》」*4の名があります。夜は神さまがお通りになるからと人は出歩かず、また道の真ん中は神さまに空けてお

*4 300メートルほど。春には庭先の桜が美しい。

いて、人は道の端を歩くといいます。夜の闇に包まれた神路通へ行くと、言い伝え通りひっそりとしていました。月夜を統べる神さまと伊勢の人々との密やかな約束は守られているようです。

近頃、ツキヨミの二つの宮は、癒しの地として若い人々が頻繁に訪れるようになりました。明るさに充ちた現代人の求める夜の静謐さ……ツキヨミの森には、何かがあるのかもしれません。

【二つのツキヨミ宮】
月読宮(伊勢市中村町)はJR伊勢市駅から内宮行きバスで中村下車、徒歩約5分。近鉄五十鈴川駅から徒歩約10分。月夜見宮(伊勢市宮後1丁目)はJR伊勢市駅から徒歩約5分。巻末地図二一二頁。
※夜間参拝はできません。

〝和〟の正宮と〝荒〟の別宮

初詣の人々がようやく落ち着く伊勢神宮の二月半ば。毎年二月一七日には一年の農耕始めを祈る「としごいのまつり」、祈年祭《きねんさい》が内宮と外宮で行われます。農耕の一年、農事暦が動き始めるのです。

内宮での祭りは、まず天照大神をまつる正宮で神職によって執り行われます。続いて、祭りのために神職が向かうのは同じく天照大神をご祭神とする荒祭宮《あらまつりのみや》というお宮。誰もがお参りをする正宮のほかに、内宮にはもう一カ所、天照大神をまつる大切なお宮があるのです。

しかし、同じ天照大神をまつりながら、正宮では神さまの「和御魂《にぎみたま》」*1を、荒祭宮では「荒御魂《あらみたま》」をご祭神としています。「和御魂」「荒御魂」とは一体どういうものなのでしょうか。

「平常心と勇猛心。古代の人々は神々にもそうした二つの働きを見てきたのでしょう。穏やかな働きを『和御魂』と解釈し、その反対の力強い働き

*1 神道ではさらに幸魂（さきみたま）、奇魂（くしみたま）の二つの働きをもつ。

に『荒』という字をあてて『荒御魂』としたのです」と、神宮司廳広報室の河合真如次長はおっしゃいます。「荒」には荒ぶるだけではなく、力強い働きの意味があったのでした。

日本人は古くから、山、川、岩、木、風など森羅万象の中に神霊が宿ると考え、さまざまな自然現象を神さまの力としてきました。神々はそれぞれに特殊な働きをし、人々は恵みを受けました。例えば、天候にしても穏やかな晴天だけでなく、日照り続きになると大雨を欲したように、古代の人々は穏やかな「和御魂」だけでなく、力強い「荒御魂」も求め、崇めてきたのです。

荒祭宮は、正宮の北方、小さな谷をへだてた丘にあります。それは、まるで正宮の背後に控えて鎮まっているようにも見えます。二重の御垣に囲まれ、南面を向いて建つ社殿。石段を上ると、思いのほか神さまに近いのです。二月の祈年祭の日、手を合わせると、風の冷たさに思わず身がすくみましたが、どこからか小さなせせらぎの水音が響いてきました。春浅き神宮の森の息吹を感じました。

伊勢神宮には正宮の「分宮《わけみや》」という意味の別宮が一四ヵ所あります。荒祭宮は、奈良時代にはすでに名が見られ、別宮として最も早くからお祭りが行われていたとされます。別宮が制度化される源となった重要な宮なのです。内宮第一の別宮として、正宮に引き続いて同じ日に祭りが行われますし、天皇陛下から遣《つか》わされた勅使も参向します。そして、絹布や麻布を奉る神御衣祭《かんみそさい》*2は正宮と荒祭宮だけで行われます。

意外なことに、この宮には鳥居がありません。神社の神域を示す、いわば象徴でもある鳥居が重要なお宮にない……それは特別なことで、このお宮が正宮と一体化されているからといいます。また、正宮は現在、東の御敷地に社殿が建っていますが、この宮は西の御敷地に社殿があります。遷宮の開始時期などが異なったからとも考えられますが、位置が違うことで「和」と「荒」のそれぞれの働きを補っているような感じすらします。

正宮に比べると、参拝者は少ない荒祭宮ですが、時折、熱心な方は長いお祈りをしていきます。地元では何か事を起こそうという時にはこの宮に参ると古くからいわれています。

荒御魂をまつる宮は、外宮の第一別宮の多賀宮《たかのみや》*3がそうであり、ほかに瀧原宮、月読宮にあります。荒御魂を分けてまつる祭祀の形は古い信仰といわれますが、今なお合祀することなくそのままに残っています。

*2 5月14日と10月14日に行われる。

*3 外宮神域内に鎮座。正宮の前にある御池を渡り、石段を上る。

正宮と荒祭宮の二つを参拝すると、生き生きとするように感じるのは、和御魂と荒御魂の二つの力、優しさと力強さを神さまからいただき、心のバランスがとれるからでしょうか。人の心にも、自然現象にもすべてのものごとには「和」と「荒」はあります。常にそのことを思い起こさせてくれるのが荒御魂をまつるお宮なのです。この二つの力をもつことは、世の中の平穏につながるのかもしれません。

内宮の奥まった静かな地に鎮まる荒祭宮。正宮にお参りした後にぜひとも足を運びたい、神さびたお宮です。

伝説の皇女、旅の終点

伊勢では「倭姫《やまとひめ》さん」と親しみを込めて呼ばれている倭姫命。第一一代・垂仁《すいにん》天皇の皇女といわれ、天照大神を奉じ、大和の国から伊勢の地へ大神を導いたと伝わります。

天照大神は、もともと大和の国の宮中にまつられていました。崇神《すじん》天皇の世、疫病《えやみ》が蔓延し、死者が民の半数以上にも増した時、天皇は八百万の神に祈り、画期的な試みを行ったのです。それは、天照大神に皇女の豊鍬《とよすき》入《いり》姫命をつけて宮中から遷すというものでした。その後、豊鍬入姫命に替わり倭姫命が大神を奉じると、伊賀、近江、美濃、尾張の国々を経て、今からおよそ二〇〇〇年前に伊勢の五十鈴川の川上にたどり着き、伊勢神宮が創建されたのです。それからも大神に供えるアワビなどの御贄《みにえ》所*1や諸宮社*2を定めるなど、伊勢神宮の始まりに数々の功績を残しています。

この皇女をまつるのが、内宮の別宮、倭姫宮です。内宮と外宮のちょう

*1 神さまへの供物を産する地。

*2 神宮には一二五社を数える宮社が所属している。

ど中間にあたる緑豊かな丘陵地に鎮まり、近くには倭姫命のものと伝わるご陵墓もあります。お宮の鳥居をくぐり参道を進むと大杉がそびえ立つこともなく、若木の多い雑木林を歩いているようです。倭姫命は天照大神の〝御杖代《みつえしろ》〟と呼ばれたことから、崇敬者による奉賛会も、倭姫宮御杖代奉賛会といいます。新緑のまばゆい五月五日には奉賛会による春の例大祭が行われ、授与される特製の鯉のぼりがあっと言う間になくなってしまうほど。静けさの中で鳥のさえずりや木の葉ずれに耳を傾けていると、身体の力みが抜け、健やかな心を取り戻せるようです。

倭姫宮は、大正一二（一九二三）年一一月五日に創建された新しい別宮です。伊勢神宮の抱える一二五もの神社は、奈良時代以前にさかのぼる由緒あるお宮がほとんど。合祀でもなく、勧請することもなく、新しい祭神をお迎えし、宮を創建することは異例といいます。

『宇治山田市史』には、倭姫宮創建について、ねばり強く交渉する様子がつづられています。まず明治二七、八年に神宮大宮司鹿島則文、同三四年に大宮司の冷泉為紀が政府に請願しますが実現しませんでした。大正四年、今度は市議会の決議を経て宇治山田市（現伊勢市）長から請願すると、ようやく民衆の声として政府を動かします。すぐさま市長を会長とする倭姫命奉祀期成会を結成。市役所に事務所を置き、大正七年建議案を衆議院に提出、満場一致で可決され、同一〇年に創建が許可されるにいたります。最初の請願から二七年の時を経ていました。

倭姫宮の造営が始まります。

大正一〇年五月　山口祭、木本祭《このもとさい》

同年一〇月二七日　木造始祭《こづくりはじめさい》

大正一二年四月一三日　立柱祭、上棟祭

ちょうど昭和四（一九二九）年の式年遷宮に向けての遷宮行事が始まったところで、その御木曳行事と時期を同じくしています。伊勢は御木曳に、新宮の創建に沸き立っていたことでしょう。

しかし、新宮の造営が進み、鎮座祭を心待ちにする大正一二年九月、マグニチュード七・九の大地震、関東大震災がおこります。当時の伊勢新聞を繰ると、三重の地からも連日、被災地へ義援金が送られ、また大震災の影響で神宮参拝者数が減少したことも報じています。そんな中、九月一四日付の紙面には、「時節柄静かな倭姫宮お白石曳き」という見出しの写真がありました。鎮座祭はやむなく一一月五日に日延べをされましたが、それでも新宮の地に敷き詰める白石を曳く人々の姿。紋付や揃いの半被を着用し、列を乱すことなく粛然と進む様子がうかがえます。

未曾有の災禍の中でも市民を突き動かした倭姫宮創建への思いは何だったのでしょうか。天照大神と伊勢の地を結びつけてくれた感謝の念、それとも大神を奉じ、旅した皇女へのロマン……。倭姫命にはこんな伝承がありました。倭建命に草薙剣を授ける際「慎みて、な怠りそ」と諭したというものです。用心して、なお怠ることなく、一生懸命にやりなさい。私たちの日々の生活の規範にもなる言葉です。

神代、今にあり。倭姫命の森は古代の姫の精神を映すように、平らかであり続けます。

【倭姫宮】
倉田山の丘陵地に鎮まる別宮。周辺には神宮徴古館、神宮美術館、神宮文庫、神道博物館などが点在するカルチャーゾーンとなっている。参宮線伊勢市駅からバスで約10分、徴古館前下車すぐ。巻末地図二一二頁。

豊作・豊漁を願う「御田植祭」

神宮には、稲の豊作を祈る二つの御田植祭があります。神さまに供える米を育てる神宮神田で五月初めに、そして毎年六月二四日には伊雑宮《いざわのみや》の御料田で古式ゆかしく行われています。

この伊雑宮は、瀧原宮と同じく天照大神の〝遥宮《とおのみや》〟と呼ばれる格式の高い別宮で、内宮から車で二〇分ほどの志摩《しま》市磯部《いそべ》町にあります。御田植祭の日に行くと、こんもりとした宮の杜は若葉がしたたり、周辺の田はすこやかに育った苗で緑に染まっています。そんな中、御料田だけが水をたたえて、田植えをじっと待っているかのようでした。

志摩地方というと、美しいリアス式海岸で知られますが、この磯部の地は真名鶴が稲穂を落としたという故事も伝わる、志摩有数の稲作地帯なのです。

御田植祭に奉仕するのは、磯部町の九郷（七グループ）の里人たち。輪番制で七年に一度、里をあげての奉仕となります。起源を平安時代の末とも鎌倉時代ともする祭りは、明治四年の神宮改革で一時中断したものの、すぐさま磯部の人々の手により虫除け祈念という名目で再興され、連綿と続けられてきた経緯があります。

当番があたった地区は早々に奉仕の役人《やくびと》が選ばれ、里の寺では田楽の稽古が始まります。太鼓打ち、ささら摺《す》り、小鼓、早乙女など子どもが主体となります。それだけに「一五〇世帯ほどの山里ですが、今は子どもが少なくて、選ぶのが大変」と地区の役員さんがこぼすことも。「磯部の御神《おみ》田《た》」として国の重要無形民俗文化財に指定された祭りの里も、全国の伝統芸能を継承する地と同じく、少子化に悩まされていました。

祭りは、畦に高さ一一メートルほどの忌竹《いみだけ》*1が立てられた御料田が舞台です。忌竹の先には大団扇がつけられています。まず、忌竹が御料田に倒され、男たちが泥だらけになって奪い合う竹取神事が行われます。その争奪の荒々しさ。忌竹は大漁祈願、海上安全のお守りにされます。稲作だけでなく、漁業にも深く結びついているのが、志摩一の宮でもある伊雑宮の御田植祭を特徴づけています。

*1 神聖な竹という意味。

伊雑宮にはこんな昔話が伝わっています。——伊雑宮のお使いは「七本ザメ」。御田植祭の日は「ゴサイ（御祭）」と呼んで漁師や海女は海へ入らない。なぜなら、七本ザメが沖から列を成して参拝にやってくるから——。

祭りの朝、伊雑宮には特設の神楽所が設けられ、志摩の漁師や海女たちが神楽をあげに来ます。また、竹取神事を終えた男たちが野川で体の泥を落としていると川下で忌竹の欠片を拾おうと待ち受けます。この忌竹を欲する並々ならぬ気持ちは、一体どこからくるのでしょうか。

志摩一円の海の民にとって伊雑宮とともに信仰されているのが志摩半島の最高峰、青峯山《あおのみね》です。海上からはっきりと見えることから、この山は漁場の位置を決める「山あて」に利用されてきました。忌竹の大団扇に描かれている赤い宝珠は青峯の「金の珠《たま》」といわれ、竹取神事は、この「金の珠」を奪い合う祭りだと地元ではいいます。青峯に「金の珠」は存在しませんが、一体何を表しているのでしょう。のどかな里では、素朴な信仰がまだまだ根強く残っています。

そして裸の男ら一行がご料田から引き揚げると情景は一転。菅笠を被り、白い着物に朱のたすきがけをした早乙女がのびやかに早苗を植えていきます。その様は神宮神田の御田植初と変わりませんが、派手な衣装や化粧をほどこした役人らが田楽を奏でる中で、中心となる少年は、眉をつくり、紅をひき、頭には稚児カツラをかぶります。あでやかな着物で装い、田船に乗って太鼓を打つ姿は、太鼓打ちというそっけない名とはうらはらに、神さまの使いのような近寄りがたい雰囲気が漂います。一説には古代の倭姫命が船で巡幸していたのを表しているともいわれ、なるほど神話の世界に引き込まれるようです。

梅雨の最中の御田植祭。毎年、気になるのが空模様です。当番の地区によっては雨ばかり、晴れ続きということもあるようです。築地地区の踊り込み唄には、「今年の御神田築地の番でからりと晴れたこの恵み」とあります。祭りを楽しむ里の衆の笑い声さえ聞こえそうな、踊り込み唄です。

【伊雑宮】伊勢国外にある唯一の別宮。倭姫命が御贄所を探して巡幸する途中で創建されたといわれる。近鉄志摩線上之郷駅から徒歩約3分。巻末地図二一三頁。

神饌に伝わる「のし」の原形

祭りの日、人々はとびきりの山海の幸を供え、神さまに祈ります。イセエビ、タイ、サメ……伊勢の神さまに供える海の幸の中でも、一番の美味といえば、志摩の海女が漁《すな》どるアワビ*1ではないでしょうか。

太平洋の荒波洗う志摩半島。その東端、鳥羽市国崎《くざき》町の鎧崎《よろいざき》に、神さまに供える特別なアワビを作る「神宮御料鰒《あわび》調製所」があります。鮑ではなく、「鰒」。平安時代の『延喜式』に沿う漢字表記で、古い来歴をうかがわせます。

「国崎のアワビを神宮に供えるようになったのは、神さんが伊勢に御鎮座してからですから二〇〇〇年になりますな」。土地の古老は淡々と伝承を語ります。

古代の皇女、倭姫命が神さまに供える御贄の地を探していた時、国崎の海女、おべんがアワビを差し上げた。それがことのほか美味だったため、

*1 志摩地方では妊婦がアワビの肝を食べると目のきれいな子どもが生まれるといわれている。

アワビを調進するのは国崎と定められた――伝説の海女、おべんは今も地元の海士潜女《あまかずきめ》神社[*2]にまつられ、信仰の対象となっています。さらに「おべんさんの子孫という家も残っとる」との古老の言葉に驚きました。ここでは神話が息づくというより、今も人々の暮らしは神話とともにあったのです。

夏、志摩の海ではアワビ漁が最盛期を迎えます。海底の岩に張り付くアワビは、潜水した海女がノミでかきとる原始的な漁法です。海女は潜っては浮かび上がり、また潜り……ウェットスーツ着用とはいえ、古代[*3]と変わらぬ身一つの素潜りです。時代とともにあらゆるものが便利になっていくなかで、アワビ漁はあえて過酷なままの作業を続けているのです。

「減少するアワビを守るために禁漁期間を設けたり、一日の操業時間を制限したり、厳しい規則を定めて、限りある資源を保護しています」と鳥羽磯部漁業協同組合国崎支所は最善策を講じていました。もし酸素ボンベを利用した潜水漁を行ったならば、アワビはまたたく間に枯渇してしまうのは明白です。

国崎では五月～九月一四日の漁期のうち三〇～三五日、一日一時間二〇分に限ってアワビ漁が許されます。ほかの地区に比べると格段に厳しい規

*2 神明社などと合祀され、国崎の氏神さまと崇められる。
*3 古代の漁の様子は万葉集の大伴家持の歌に見える。「御食(みけ)つ国／志摩の海士(あま)ならし／真熊野の／小舟に乗りて／沖辺こぐ見ゆ」(巻六―一〇三三)

制です。しかもどこで潜ってもいいわけではなく、漁場も定められています。採っても良い大きさは三重県の規定を上回る一一センチ以上。こうした厳しい定めがあり、それを遵守する人々によって、古代から延々と続く神宮の御贄の地は守られていました。

潮騒ひびく神宮御料鰒調製所では初夏、アワビを〝伸《の》す〟作業に追われます。

白衣姿の古老たちは右手に鎌のようにカーブした小刀をもち、生アワビをリンゴの皮をむく手つきで、するすると長いヒモ状にしていきます。使用するのは三〇〇グラム以上の大きなもの。高級食材のアワビをヒモ状にするとは信じ難いことですが、一個で長さ約一メートル三〇センチになります。ぬめりのあるアワビを手際よく扱うのはさすがに熟練の技です。「毎年のことですけど緊張しますな。むいている時はもう必死でアワビしか見てないです」。

ヒモ状にしたアワビはぬるま湯をかけ、干し場で乾燥させます。そして一旦保管しておき、飴色になったものを寸法通りに包丁で切り、藁ヒモで束ねたり、編み上げたりして形を整えます。神宮の六月、一二月の月次祭、

＊4 干すことにより保存がきく見取（みとり）鰒と玉貫（たまぬき）鰒の２種類。

一〇月の神嘗祭には、生アワビのほかに、この干したアワビ[*4]が供えられます。

伸したアワビは「のしアワビ」と呼ばれます。落語の「鮑のし」にも、「のし」の由来が語られますが、祝儀袋やのし紙の右上、紅白の折形に包まれている茶色の棒状の「のし」は「のしアワビ」の略式なのです。現代でも縁起物として何気なく使っているものが、実は神さまへのお供え品を原点としていました。

かつて「のしアワビ」作りは、各地で行われていましたが、現在では神宮へ納める国崎町でのみ、伝統の技が受け継がれています。地元では「のしアワビ」に携わる人々を特に「長老」と呼び、尊敬しています。

長寿の妙薬と重んじられた「のしアワビ」。のどかな海辺で、粛々と作る長老たちの姿を眺めていると、それもさもありなんと思うのでした。

〈「のしアワビ」情報〉
毎年7月上旬、鳥羽市国崎町漁港前の広場などで「熨斗（のし）あわびまつり」が開催される。御潜（みかづき）神事やのしアワビ作りの実演披露など多彩な催しが行われる。問い合わせは国崎町町内会☎0599（33）7428へ。
※本物ののしアワビを使った「伊勢熨斗」は伊勢志摩兵吉屋が通信販売している。http://hyoukichiya.com/

【国崎】
近鉄鳥羽線鳥羽駅から国崎行きバスで約50分。巻末地図二一三頁。

自然の循環で生まれる〝御塩〟

人が生きていく上で、欠かせない塩。伊勢の神宮でも〝御塩《みしお》〟と呼ばれ、神さまのお食事に、また祓い清めに無くてはならないものです。

大切な御塩は、伊勢湾にそそぐ五十鈴川の河口にある専用の塩田〝御塩浜〟[*1]で作られています。一年で最も暑い夏の土用、満潮を待って水門を開け、御塩浜に〝土用潮〟と呼ばれる潮水を引き入れると、御塩作りの始まりです。

御塩浜は、日本に現存する貴重な「入浜式塩田《いりはましきえんでん》」で、潮の干満差約一メートルを利用しています。浜は満潮時の潮水で充たされた後、干潮とともに排水されます。そして潮気を含んだ砂を天日で乾かした後、その砂を四カ所に集め、潮水を注ぎ、鹹水《かんすい》（濃い潮水）を作るのです。照りつける強い陽射しのもと、御塩浜は塩の結晶でうっすらと白っぽくなるほど。その炎天下で塩を得るための厳しい作業に、たやすく塩が手に入る今では忘れてし

＊1　広さは6600平方メートル。

まった労苦を目の当たりにしました。

日本の塩作りは海藻に塩分を付着させて作る〝藻塩焼《もしおや》き〟*2から始まり、中世には塩田を使って濃い海水を採る製塩法へと発展します。岩塩などの資源が乏しい国土では、もっぱら海水から得る塩が頼みでした。そして、海水から九七パーセントもの水を取り除くという大変な作業も、人力が支えてきたのです。現在では海水を電気の働きで濃縮する「イオン交換膜法」にほぼ切り替えられ、市場には純粋な塩化ナトリウムである食塩が出回っています。

しかし、〝御塩〟は、食塩では代わりになりません。

御塩浜は、ちょうど神宮の山から流れ下った五十鈴川の水と海水が出合うところにあり、海に比べて、決して塩分濃度が高いわけではありません。「神さんに捧げる御塩は、山の養分、ミネラルをたっぷりと含んだ川の水がないと作れませんな。今の塩にはこのミネラルがないのですわ」と塩作りにたずさわってきた古老はきっぱりと言います。

二〇〇〇年前の内宮鎮座の折、二見の佐見都日女《さみつひめ》が倭姫命に塩を献上してから続けられてきたという御塩作り。実は、戦国時代に一時途絶えたといわれています。

*2 潮水を注いだ海藻を焼き、灰を水に溶かして上澄みを煮つめる方法。

山の養分が豊富な川水は、水源に豊かな森があってこそのもの。争いの世となると、山も森も里も荒れ、川水もまた養分を失い、塩が採れなくなってしまうというのです。山に降る雨のひと粒に端を発する川の流れ、その自然界の大いなる循環の中で生まれる御塩は、平和の指標ともいえるのではないでしょうか。

塩田で得た濃い海水は、一キロほど離れた御塩殿神社*3内の汲入所《くみいれしょ》*4で一旦貯蔵され、八月上旬、隣の御塩焼所で昼夜通して鉄釜で炊き上げられます。こうして煮詰められた塩は、「荒《あら》（粗）塩《しお》」*5と呼ばれます。

そして年に二回、三月と一〇月に仕上げの焼き固めがさらに行われます。荒塩を三角形の土器に詰め、かまど*6で焼き、「堅塩《かたしお》」*7にしたものを神さまにお供えするのです。こうすると保存が利き、運びやすいといいます。

数年前の春、この焼き固めが八六歳の吉居《よしい》清雄さんから、六七歳の喜多井紀忠さんにバトンタッチされました。白髪でひょうひょうとした痩軀の吉居さんは焼き固め六七年のベテラン、「塩翁《しおのおきな》」の風貌です。

「戦前から始めましたで、これまで一万三〇六〇個の御塩を作らせてもらいました。焼き固めは標準五時間ですが、最後はカンが頼り。『御塩さん、

*3 神宮の所管社。御塩殿鎮守神がまつられる。10月5日には御塩殿祭も。

*4 「天地根元（てんちこんげん）造り」という、地面から直ちに萱屋根がふかれるという珍しい建築様式。

*5 土色にくすんだ、どろどろした塩。

*6 神職が御火鑽具（みひきりぐ）で発生させた火を使用する。

*7 三角錐の形。年間200個必要。

もういいですか』と塩の面を見ながらの作業です」

御塩の焼き固めの日、吉居さんが「私が元気なうちに引き継ぐことができてよかった」と「堅塩」の出来栄えに太鼓判を押すと、喜多井さんも「初めてのご奉仕で、及第点がもらえました」と笑みがこぼれました。

二〇年に一度の式年遷宮は、伝統技術を伝えるサイクルとなっています。遷宮を前に、御塩作りの現場でも、次世代へ確実に引き継がれていました。平和な世である限り、二見の浜から塩焼きの煙が絶えることはありません。

〈御塩作りの流れ〉

・7月下旬　御塩浜
入浜式塩田に海水を引き入れ、鹹水をとる作業が行われる。

・8月上旬　御塩汲入所、御塩焼所
鹹水を昼夜通して、鉄の平釜で炊き上げ、荒塩を作る。

・3月・10月　御塩殿神社
荒塩を三角形の土器に詰めて焼き固め、仕上げる。

瑞穂の国の実り、神宮神田

残暑を振り払うかのような激しい雨がからりと上がると、田んぼをわたる一筋の風に、稲葉に残る雨粒に秋の涼しさを覚えます。新しく巡る季節の中で、秋の訪れをことさら心待ちにするのは、収穫を迎える喜びがそこにあるからかもしれません。目の前に広がる黄金の波、色づいた稲穂が頭を垂れる実りの豊かなこと。今年も神宮神田では、無事に収穫のときを迎えました。

神宮神田は、内宮からおよそ二キロ下った五十鈴川のほとり、伊勢市楠部町にあります。広さ約三ヘクタールの田では五十鈴川の水をひき、うるち米、もち米[*1]を栽培。ここで収穫された米は、神さまにお供えする御飯をはじめ、酒や餅にも加工されます。日本人の主食である米は、神さまの食事（神饌）としても大切にされてきました。神饌の米を専用に栽培する田を御料田《ごりょうでん》、神田と呼びます。御料田をもつ寺社は全国にありますが、これほ

*1 ほかに注連縄など藁（わら）用、瑞垣（みずがき）など保存品種も。

ど大規模で、専従の作業員をおき、自給自足を行うのは伊勢神宮だけではないでしょうか。

日本で稲作が特別なのは、その起源を説く神話があることからもわかります。

天孫降臨《てんそんこうりん》の際、天照大神が高天原で育てていた稲の種籾を日本人の主食にするようにと下され、栽培が始まったのが稲作の起こりというもの。米は天上の高天原にちなむ特別な作物であるとされていました。神宮神田は、天照大神が伊勢に御鎮座する際に定められ、その稲籾を育てたと伝わります。この神田は、二〇〇〇年前の伝承を今に受け継いでいます。

神宮神田を管理する作長の山口剛さんは、大学の農学部出身の研究者です。

「米というのは半年育てれば、毎年収穫が期待できる。しかも貯蔵がきく保存食です。古代の人々にとってはとても大切なものだったはずです。それを神さまからいただいたとするのは自然なことではないでしょうか」。

日本はみずみずしい稲の穂が実る瑞穂の国なのです。

神宮神田の米作りは、有機肥料を主に使用し、農薬や除草剤を極力ひかえた清浄栽培です。土塁に囲まれた神田は、皮付きの黒木の鳥居が立つほかは、一見すると周辺の田となんら変わりはありません。けれどコシヒカリ一辺倒の周りの田と異なり、ここではチヨニシキ、キヌヒカリ、みえのえみなど多品種を育てています。そうすることで神饌となる米の全滅を防いでいるのです。また、神宮にちなむ珍しい品種も目をひきます。昭和五年、内宮の神域で実をつけたという「瑞垣《みずがき》」*2。平成元年、二度の台風到来にも倒れることなく、神田で見つかった新品種「イセヒカリ」。いずれも年号の変わり目近くに発見された神稲と大事に育てられています。

神宮神田の農作業はお祭りとともに進みます。

春の柔らかい日差しとまだ冷たい風が交錯する四月の初め、神田下種祭《げしゅさい》が行われます。まず山に入って鍬の柄の材を採る農耕始めを祝う儀式*3があり、それから神田の苗代に籾種を蒔きます。そして、新緑のまばゆい五月上旬、神田では笛や太鼓が鳴り響き、「御田植初」が行われます。田植えは地元、楠部町の人たちのご奉仕が恒例です。かつては田植えをする早乙女の中から嫁探しをしたというほど、地元では親しまれています。

そして九月上旬には抜穂祭《ぬいぼさい》*4があります。抜穂というのは、九世紀の古文書にも記される古い収穫方法で、稲穂を刈り取ること。この穂を神田のほ

*2 天照大神をまつる社殿を取り囲む御垣の名。

*3 忌鍬山（ゆくわやま）の儀。柄（え）の材となる樫（かし）の材を採る。

*4 午前10時から神職や地元の楠部町の奉仕者らが参列し、無事の収穫に感謝し、稲穂を刈り取る神事が行われる。

とりで乾燥させ、一〇月の神嘗祭に供えます。

神宮の祭りは米作りのカレンダーのようです。この時期、田では何が行われているのか、お祭りによってわかるのです。

食べ物への信頼が揺らいでいる現代にあって、自給自足の原則を古代から貫く神宮神田。稲は「いのちの根」ともいわれます。必要なものを自らの生産でまかなう姿勢は、私たちの「いのちの根」をも示唆しています。

【神宮神田】
神宮専用の約3ヘクタールの水田。神宮のお祭りにお供えされるうるち米ともち米が清浄栽培される。1反あたり約8俵、合計約240俵の収穫がある。立入禁止だが、道路から拝見できる。内宮前から徒歩50分、または車で15分。巻末地図二一二頁。

神さまの「和妙」と「荒妙」

神宮から北へ二十数キロ離れた松阪市東部、櫛田川《くしだがわ》が潤す田園地帯には、神さまの衣を織る機殿《はたどの》があります。点在するこんもりとした森の一つに入ると参道の奥にある、高床式の建物がそれです。小さい方が神服織機殿神社《かんはとりはたどのじんじゃ》、地元では「下館さん《しもだち》」「下機殿《しもはたでん》」と呼びます。そして萱葺《かやぶき》屋根の大きい方が「和妙《にぎたえ》」（絹布）を織る機殿です。建物に近づくと、トントン、トントンと機織りの低い音が響いてきます。森の中ながら明るい境内。神の森に守られて、神さまの衣は織られていました。

櫛田川下流の地は、古くから絹や麻を織る服部神部《はとりかんべ》の一族が住んでいたといわれます。今も下御糸《しもみいと》、上御糸《かみみいと》、中麻績《なかおみ》、機殿、服部など紡織にちなむ地名が残ります。紡織の盛んなこの地に、内宮近くにあったとされる機殿が移されたのは天武天皇の頃（七世紀後半）と伝わります。以来、機織りの中断期間を乗り越えて、神の布を織る奉織の伝統は今に受け継がれてきました。江戸時代中期、江戸の人々に大流行した松阪木綿は、実は機殿の織物技術を基に成り立っていたのです。

「下機殿」では、白衣に白袴を着けた地元の女性たちが、手織り機に座り、和妙を織っていました。繭の糸を紡いだ「赤引き糸」[*1]は毛髪よりもか細い白糸。ふだんは家事に手をかける主婦の方たちですが、奉仕のある五月と一〇月[*2]は指先を荒らさないよう、怪我をしないように心がけているといいます。お話を伺っているときも、両の手は袴に入れたまま。指を保護するのが習いになっているようです。

女性たちが機織りをする「下機殿」から二キロほど櫛田川をさかのぼると、「上機殿」[*3]と呼ばれる神麻続機殿神社《かんおみはたどのじんじゃ》の森があります。ここでは地元の男性が麻布の「荒妙《あらたえ》」を織ります。熟練者二人に、見習いの若手が二人。一台の手織り機には熟練者が座ります。神さまの衣を織るとはどんな気持ちなのでしょう。

「毎年新たな気持ちで、新たな衣を織っています」。二〇代から奉織してきたという古老の言葉には、ご奉仕への誇りが感じられます。電気も窓もない高床の機殿では、扉を開け放ち、ロウソクの炎で明かり取りと湿度の調整をします。特に湿度の調整が難しく、乾燥しても湿度が高過ぎても細

*1 愛知県三河地方産。前日から水につけておいた横糸を糸巻器で巻く。
*2 機織は5月1日からと10月1日からの年2回。1週間から10日で織り上がる。
*3 神宮からの距離が近い方が「上」となる。

い糸はとんで、切れてしまいます。ロウソクが頼りの湿度調節。切れては、つなぎ、また切れては、つなぎ……ゆっくりと神さまの布は織られていきます。

機殿近くの田の畦には、「伊勢機殿の里」と記された石碑がありました。

――機殿の祖先は、「機殿の里」を誇りに幾多の苦難に耐えて生活し、文化を根付かせてきた――。

そこには機殿の由来が綿々とつづられていました。

神御衣奉織始祭《かんみそほうしょくはじめさい》*4の日、雨にもかかわらず、地元機殿小学校の子どもたちの姿がありました。田を耕し、機を織ってきた里の子どもたち。織り子の魂がすでに宿っているようにも見て取れました。

二つの機殿で織られた四丈（一二メートル）の「和妙」と「荒妙」は、五月と一〇月の一四日に行われる神御衣祭で糸や針などとともに天照大神に供えられます。

この祭りは、伊勢神宮の最も重要な祭りとされる神嘗祭とともに古くからあり、また天照大神をまつる内宮の正宮と第一の別宮、荒祭宮の二つの宮でのみ行われるという特別なものでもあります。

*4　5月1日、10月1日

一般的には、神御衣祭[*5]は五月と一〇月にあるため、春と秋の衣替えの季節と重なり、〝神さまの衣替え〟ともいわれますが、古くはその年の新穀をお供えする神嘗祭の当日に神御衣がお供えされており、新穀と新衣をたてまつることはもっと深い意味があると考えられます。身体を保護し、装う衣。天照大神は稲作とともに、養蚕や機織りも天上で行ったと神話は伝えます。

*5 織り立てられた布は数日乾燥させ、巻いて13日まで八尋殿（やひろでん）に奉安される。

【二つの機殿】
絹布を織る神服織機殿神社（松阪市大垣内町）へは、JR松阪駅から車で約15分。また、麻布を織る神麻続機殿神社（松阪市井口中町）は、近鉄漕代（こいしろ）駅から車で約5分。巻末地図二一三頁。

〝太一御用〟の幟、清々《すがすが》しく

日本人は古来、鯛という魚で〝めでたい〟ことを祝ってきました。お食い初めから始まり、結納や結婚、長寿の祝いと人生の節目をこの魚で寿いできたのです。一三〇〇年前の奈良時代にはすでに宮廷へ献上されており、日本人とは関わりが古く、そして今も特別な魚であり続けています。

伊勢神宮でも鯛は鰒《あわび》に次いで大切な海の幸とされ、日々のお祭りをはじめ、神さまに捧げるお食事（神饌）には欠かせません。中でも、三節祭《さんせつさい》と呼ばれる一〇月の神嘗祭、六月と一二月の月次祭には、干鯛《ひだい》という塩蔵の真鯛が特別にお供えされます。

干鯛は伊勢の対岸、愛知県知多《ちた》半島先端の師崎《もろざき》港から、海上わずか四キロに浮かぶ篠島《しのじま》で作られてきました。伊勢湾と三河湾のちょうど真ん中に位置し、古くから海上交通の要所で、漁業の盛んな地です。島では古代、倭姫命が御巡幸《ごじゅんこう》の途中に立ち寄られ、伊勢神宮の御贄《みにえ》所に定められたと伝わります。神明神社[*1]が島にありますが、かつては境内に青竹を立て、注連を張った中で干鯛は奉製されていました。この神社の社殿は伊勢神宮の式年遷宮の翌年、神宮より払い下げられた古材で建てられ、神明神社の古材[*2]はさらに島内の八王子社[*3]の社殿に修造するのが慣わしといいます。

干鯛は現在、島の北端、中手島にある御料《ごりよう》干鯛調製所で篠島漁協の人々の手で作られています。形の整った生鯛の内臓を取り除き、腹開きをして、海水で洗います。そして鯛の腹にたっぷりの塩をつめ、桶に重ね置き、漬け込みます。約一週間後、西風の強い日に天日ですっかり乾燥させると出来上がります。天日干しの際、一枚ずつ竹串を使って開き、干すのが昔ながらのやり方です。

伊勢神宮ではこの鯛を干鯛といいますが、島では御幣鯛《おんべだい》と呼びます。御幣とは、御贄、大贄とも書き、神さまに奉る食料などその土地の産物を指しますが、オンニエが転じてオンベになったようです。御幣鯛が単なる鯛ではなく、神さまに捧げる品であるという認識の表れでしょう。

島では年に三回、三節祭が近づくと大小二種類[*4]の干鯛の調製を行い、年間五〇八枚を神宮に奉納します。奉納の神事は簡素化されていましたが、

＊1 倭姫命の荒御魂をまつる。
＊2 平成6年には内宮の東宝殿の古材が下賜された。
＊3 かつては境内の井戸水で内臓を取った鯛を洗っていた。
＊4 目の下から尾びれのつけ根までが1尺2寸と7寸。

一〇年前、篠島と伊勢市の双方の努力が実り、昔ながらの御幣鯛船が再現されました。

平成一〇年一〇月一二日。「太一御用」と書かれた幟《のぼり》を舳先に立てた船が篠島から出港し、伊勢の海の玄関口、大湊を経て、勢田川《せたがわ》沿いの神社港《かみやしろこう》へ入ってきました。実に七〇年ぶりの御幣鯛船でした。以来、年に一度、一〇月の神嘗祭の前には、古式にのっとり船団を組んで伊勢へ運ぶようになりました。

「太一」[*5]はタイイチ、タイチと呼ばれ、最も尊いという意味をもちます。いつの時代からか、神宮の御料のシンボルとして使われるようになり、遷宮の御用材や伊雑宮《いざわのみや》の御田植祭のゴンバウチワにも記されています。御幣鯛船も神宮御用の意味をもつ「太一御用」の幟を立てるのが伝統で、この幟を見ると他の船は敬意をはらい、決して航路を妨げることはなかったといいます。

毎年一〇月、神さまにお供えする大切な干鯛が、海を渡ってやってくる――。陸路なら伊勢湾をぐるりと回る道筋をとりますが、海路なら一時間ほどで伊勢の神社港へ着くのです。一行を迎える地元も水先船を出し、船団を湾口から導くもてなしぶりで、大漁旗で飾り立てた船団が姿を現すと

＊5 遷宮や神宮にかかわる行事などで使われる標章。今回の御木曳行事から「太一」に統一。

港では一斉に拍手が沸き起こります。

御幣鯛船から下りた一行は、鼓笛隊や子供木遣《きや》り唄で歓迎された後、内宮へ向かい、辛櫃《からひつ》を担いで参道を行きます。潮風に吹かれた「太一御用」の幟は、今度は神域の清らかな風にかかげられます。幟は御幣鯛を島の誇りとする島人たちの心意気を映すかのように、晴れ晴れと神宮の森を進んでいきます。

年に三度、篠島の人々の手でていねいに作られる干鯛。伊勢湾の小さな島でも神さまを敬う心は守られているのです。


【御料干鯛調製所】

愛知県知多郡南知多町篠島。島の北端、中手島に調製所、乾燥場、貯蔵庫などの施設がある。名古屋駅から名鉄線で約50分、河和駅下車。河和港から船で約25分の篠島港で下り徒歩。巻末地図二一三頁。

神さまの農園、神宮御園

神おわすがごとく朝に夕に捧げるお食事、神饌。伊勢神宮では、そこに専用の農園で清浄栽培された野菜や果物を用います。

農園は、中世に神宮が所有した荘園の名に由来する神宮御園《みその》といいます。内宮から五十鈴川を五キロほど下った岸辺、伊勢市二見町溝口の集落の中ほど。高い槙垣《まきがき》が四囲を覆い、研究所のような佇まいです。立派な門扉を入ると、畑地では早春の透明な陽射しを浴びて、青々とした菜がすくすくと育っていました。

神宮御園は神宮の歴史の中でも比較的新しいものです。というのも、江戸時代までは全国に分布する神宮の領地から調進される野菜や果物で神饌は賄われていたからです。ところが、明治四（一八七一）年の神宮改革により神領地は失われ、業者からの購入に頼るしか手立てがなくなりました。その状況を遺憾とした当時の大宮司は、明治三一（一八九八）年に土地を購入し、開墾。直営による野菜類の栽培が始まったのです。「自らの手で作ったものを奉ることが、神をまつることの原則」を貫く英断です。以来、神さまに供える神饌は、この専用農園で育てられた野菜や果物が主となっています。

約一・九ヘクタールの敷地には、広い畑地、果樹園、ビニールハウス、蓮根田などがあります。堆肥置き場には籾殻や梨の落ち葉のほかに、神馬の馬糞という神宮ならではの肥料も。ビニールハウスではほうれん草が芽を出し、木には温州蜜柑がたわわに実っています。地表のシートの下では、水場に芹が育っていました。御園は雑草も少なく、整然としているさまは清々しさに充ちています。さすが神さまの農園です。

現在栽培している野菜類は、大根、蕪、人参、牛蒡《ごぼう》、里芋、慈姑《くわい》、蓮根、生姜、百合根など、果樹は甘柿、渋柿、八朔、桃、葡萄などで、合わせて約七〇種類を数えます。基本的には漢字で明記できるものを栽培していますが、野菜の少ない時期を補うため、カリフラワー（花椰菜）やブロッコリー（緑花椰菜）という目新しい品種も育てています。

作れないものは、山葵《わさび》、林檎《りんご》。作らないものは、葱、韮《にら》、大蒜《にんにく》など匂いの強いものといいます。

神宮御園で収穫された野菜・果物は市場に出ることはありません。神さまに捧げるためだけに栽培されているのですが、それゆえの苦労も多いのです。例えば、大きさ。一般には太った大きいものほど優良とされますが、神宮の場合は、四寸土器（約一二センチ）に盛って供えるため、土器の大きさに合わせて育てなくてはなりません。御園を訪れた時は金時人参を収穫していましたが、人参は鍬の柄の太さを基準にしているそうです。

神宮神田と神宮御園を管理する山口剛作長《たけしさくちょう》は、「毎日のお祭りで神さまに供える野菜と果物は、一種類ずつ六組を朝夕二回分、必ず揃えなければなりません。米に比べて貯蔵がきかないので、病害虫で打撃を受けると大切な祭りにも影響してしまいます」と、替わりのきかない野菜作りの難しさを言います。また、祭典によっては神饌の品種も決まっています。一月十一日御饌には芹、二月の祈年祭には大根、独活《うど》、蜜柑、林檎、春分の日の御園祭[*1]には大根、林檎を揃えなくてはならないのです。

スプーン一さじの土には一億以上の微生物がいるといいます。御園では一部の菌だけに偏り、病気が発生しないよう、堆肥を入れるなど土作りには余念がありません。連作障害、夏の暑さによる虫の被害など、現実は厳

*1 野菜や果物などの豊作を祈る祭り。

しいのですが、「神さまに供えるものだけに、おいしくて、身体に良い最上のものを作っていきたい」と山口作長は意欲的です。

平成二五年に向けての数々の遷宮行事。その際にも、御園で育てられたみずみずしい野菜と果物が神さまにお供えされるのです。

神饌と祈りを支える土の器

神さまに捧げるお食事は、素焼きの土器に盛られています。文様も彩色も施さず、赤土を焼成しただけの素朴な風合いの土器。祭りで使う土器はすべて、神宮土器調製所で作られています。伊勢の神さまは窯元もおもちなのです。

神宮土器調製所は、外宮から宮川を渡り北へ約八キロ、田園地帯が広がる多気《たき》郡《ぐん》明和《めいわ》町《ちょう》蓑村《みのむら》にあります。この周辺は良質の粘土が得られるため、飛鳥時代から奈良時代にかけて土器を焼くために掘られた穴、土器焼成坑が発見されるなど、古代から中世にかけて土器の一大生産地でもありました。その地で今も、里人の手により、一年で約五万七〇〇〇個におよぶ土器が作られているのです。

神宮の土器[*1]は、縄目のついたぶ厚い縄文土器ではなく、厚みが少ない弥生時代のものによく似ています。調製所では、平らな皿の土器（三寸、四寸、

*1 土器に神饌を盛る時は、必ずカシワやトクラベの葉を敷く。

六寸*2）のほか、箸を置く脚付きの御箸台、水を入れる御水碗など七種類を作っています。中でも、三寸の土器と台（脚）の部分を組み合わせて使う御盃台は形も発想も秀逸です。

　土器はすべて手によって成形されますが、指あとは残せません。鹿のなめし革を用いて修正して、陰干しの後、天日干しされ、焼成されます。そして、土器の使用は一度限り。祭りで使われると土に埋められ、土に還されます。それはあたかも祭りによって、その身に凝縮した大地の力を使い果たした土器をもう一度土に還すかのようです。

　土器については、『日本書紀』の神武天皇の紀に印象的な記述があります。大和を平定する際、神武天皇に下された夢告——天香具山《あまのかぐやま》*3の土で天平瓦《あまのひらか》（皿状の祭器）を作り、神さまをおまつりせよ。そうすれば敵は降伏する——。天皇の夢告の通りに、臣下の椎根津彦《しいねつひこ》は着古した着物と蓑笠を、弟猾《おとうかし》は箕をつけ老人の姿に身をやつし、敵兵の中をくぐりぬけ、無事に天香具山の土を採って帰りました。その土でたくさんの祭器を作り、神々をおまつりしたところ大勝するのです。

　大和三山の一つ、天香具山の土で作った土器で神さまをおまつりすると

*2 大きさにより用途が異なる。6寸は鰒や鯛、4寸は海藻や野菜、3寸は飯や塩などを盛る。

*3 奈良県橿原市の南東部にある山。大和三山のひとつ。

いうことは、大和地方を征することにもつながるということなのでしょうか。土器は古代の物語に神秘的に描かれています。

神宮土器調製所も鳥墓《とつか》山という小高い丘のふもとにあります。この一帯は神代の昔、高天原から埴土《はにつち》（粘土）を移したという伝承があり、宇爾《うに》郡と呼ばれていました。その宇爾の祖神、埴媛をまつる神社も丘に鎮まります。あたかも大和の天香具山をほうふつとさせます。また、現在の地名、蓑村の通り、近年まで五月一四日に風雨の順調を祈る伊勢神宮の風日祈祭《かざひのみさい》で供える菅の笠と蓑もこの地で作られていました。

柔らかい粘土に火を加えることでかたい焼き物になる不思議。土器の誕生は単に食生活を一変させただけでなく、土への畏れ、大地への尊びにもつながったことでしょう。土という字は、土を縦長に盛り上げる形を成し、後に示を加えて「社」になりました。盛り固めた土は神の依代にもなったのです。

外宮には、土を冠した別宮の「土宮《つちのみや》」[*4]があります。このお宮は外宮神域の地主の神、大土御祖神《おおつちみおやのかみ》をおまつりしています。天の神だけでなく、地の神も大切にまつられているのです。土が、地が生み出した尊い器。土の恵みに神饌は支えられ、国の平安を祈る祭りは行われていました。

＊4　外宮神域内にある別宮。正宮から御池を渡った右手に鎮まる。

手前左から6寸、3寸、4寸の土器。後列は左から、御水碗、御箸台、御酒壺、御盃台。御盃台は、3寸土器が台にのせられて盃になっている。写真／中野晴生

4つの社殿が並ぶ内宮の別宮、月読宮。日本人は古くから月を詩歌に歌ってきた。月読の森を題材にした西行法師の歌もある。写真／阪本博文

年間、うるち米、もち米合わせて15トンの収穫がある神宮神田。生産性は平均値以上。作業は朝、神宮遥拝を欠かさない。写真／阪本博文

和妙の奉職は白衣白袴姿で、神服織機殿神社の八尋殿で行われる。電灯がなく、開け放した戸からの陽光を頼りに糸を紡ぐ。写真／著者

〈上〉篠島の海辺で天日干しされる干鯛。白衣白袴姿の奉仕者が作業にあたる。写真提供／神宮司廳

〈下〉入浜式塩田で古式に則って作られる御塩。濃い潮水を取って釜で荒塩に煮詰め、三角錐の型に入れて堅塩に焼き固められる。写真／著者

内宮にある荒祭宮。天照大神の「荒御魂」をご祭神とする。内宮第一の別宮としてお祭りは正宮と同日に行われる。写真／著者

第三章　神宮のひとがたり

——その思いは熱く、深く

うるわしく神をお祭りするために

神宮少宮司　髙城治延さん

「一年を通して宇治橋から眺める上流の景色はすばらしい。春は別宮へ渡る風日祈宮橋《かざひのみのみやばし》からも良いですし、秋は紅葉に染まる御手洗場、冬は雪景色……」

神宮の好きな場所を尋ねると、神宮少宮司《しょうぐうじ》、髙城治延《たかぎはるのぶ》さんは気さくに答えてくれました。大きな祭典では、昭和天皇の第四皇女の池田厚子祭主、旧五摂家出身の鷹司尚武《たかつかさなおたけ》大宮司に次いで参進されるほどの高位の神職にあたります。

昭和一七年伊勢生まれ。神宮の神職であった父親の後を継ぐよう中学の頃に知人に勧められて、大学卒業後この道に。幼い頃に父親を亡くしているため、神職がどういうものかを知らず、未知の世界へ行くようだったと述懐されます。以来四四年、神職としてお祭りにご奉仕することを第一と

昭和17（1942）年、三重県伊勢市生まれ。國學院大學を卒業後、神職として伊勢神宮に奉職し44年。神宮司廳の事務方の統括である少宮司に就任して7年になる。趣味は写真撮影、釣り。　写真／中野晴生

してきました。鎌倉時代の順徳天皇に倣い歴代天皇が旨とされている〝まず神事、後に他事〟を実践される日々です。

「うるわしくお祭りにご奉仕できることが神職として一番大切なことです」

そのために、常に心がけていることは、「服装を正すこと。白衣が乱れていないか、冠が歪んでいないか、まず形をきちんと整えることが神さまにご奉仕する礼儀だからです」。

神職はお祭りの前夜にこもる斎館《さいかん》*1で身なりを整え、気持ちを切り替えてお祭りに臨みます。その際大きな姿見での点検は欠かしません。髙城少宮司は年に数回の「習礼《しゅうらい》」という祭式の講義でも指導し、祭典でも服装に乱れがあれば注意を促すほどの徹底ぶり。今日とて、正絹《しょうけん》の白衣に白袴を着付けられ、整然としたお姿。自ら形を正し、範を示されています。

神宮少宮司は神宮の事務を司る神宮司廰を統括する役目も担っています。総勢約六〇〇人の職員を抱える組織では日々、大小の決裁をせねばならず、煩雑な事務に追われます。その中で気をつけていることは、即断即決をしないこと。「私は本来気が短いのですが」、皆でじっくりと議論をつくして、

*1 内宮は手水舎の向かいにある建物。祭典では祭主をはじめ神職がここで潔斎をして心身を清める。

良い結論を出してもらう、それを気長に待つのだといいます。そのため、綜合企画室を作り、結論が出れば、すみやかに実行に移すよう組織改革も行いました。

式年遷宮を控えた今、さまざまな要望や依頼が寄せられます。例えば、平成一九（二〇〇七）年二月、遷宮行事の一つ御木曳《おきひき》を六本木ヒルズで行うという史上初の試みがありました。御木曳は、造営のための御用材を伊勢の神領民らが神宮へ曳き込む行事で、これまで伐採される御杣山《みそまやま》*2から伊勢への沿道以外では行われていません。伊勢市民らで結成する御遷宮対策事務局からの申し出があった際、神宮司廳内で何度も協議し、結局許可しました。門外不出だった御木曳行事を首都圏ですることによって、神宮の式年遷宮を認知して、理解を深めてもらう、世代交代が進む中での決断だったといいます。

「神宮には、変えてはいけないこと、変えてもいいこと、変えなくてはいけないことがあります。遷宮は未来永劫続けていかなくてはならないこと。その見極めが大切です」。式年遷宮をテーマとする「式年遷宮記念せんぐう館*3」を外宮に建設する構想も練られています。

これまで二度の式年遷宮に奉仕されました。遷宮行事が続くと、一カ月

*2 現在の長野県と岐阜県にかけての木曽の山々。

*3 下宮匂玉池のほとりに現在建設中。平成24年春に開館予定。

ほどは帰宅せず、斎館にこもりっきりだったといいます。時には深夜に、早朝に行われるお祭り。少宮司に就いてからは、ほかの神職のように代わりがきかない分、連続してのご奉仕が多くなりました。緊張感を伴い、激しく体力を消耗するご奉仕。定年のない立場ゆえ、うるわしくご奉仕できなくなったら引き際と考えます。日々体調を整え、「ご奉仕させていただいています」とあくまで謙虚におっしゃる髙城少宮司。神さまに誠心誠意仕えることは生易しいことではないと改めて認識しました。

私たちが、いつも神宮の清々しさに心洗われるのは、身を慎み、服装を正した神職が日々お祭りを行っているからこそ——。〝まず神事〟。神職としてあるべき姿をまさに見た思いがしました。

大神のために米を作る

神宮神田作長　山口剛さん

内宮から五十鈴川を三キロほど下った田園地帯に神さまの水田、神宮神《しん》田《でん》があります。ここまで来ると喧騒もなく、無事に刈り入れが済んだ田がのびやかに広がっていました。

「今年は苗の生育が良くて順調でした。〝苗半作《なえはんさく》〟といって、苗作りで米作りの半分は決まると昔からいいますから」とは、神田を管理する神宮司廳調度部技師の山口剛さん。作長とよばれます。ほっとした表情が浮かぶのは、米の収穫が済んだだけではなく、来年のための種籾《たねもみ》を確保し、次年度の米作りのめどが立ったことも大きいのです。コシヒカリ一辺倒の現代ですが、神田では米の安定供給のため万全を期してキヌヒカリやイセヒカリなど多品種を栽培する事情もあって、年間計画は特に緻密《ちみつ》さを要求されるからです。

昭和48（1973）年、愛知県名古屋市生まれ。三重大学生物資源学部で直播による稲作について研究する。平成8（1996）年に神宮司廳調度部御料地課の技師として奉職、神宮神田を管理する作長となり14年目。

これまで作長というと県の農業改良普及員などを務めた熟練者が担ってきましたが、山口さんは現在三〇代半ば。大学で農業技術を学び、卒業後神宮へ奉職しました。当初はこれほどの規模と水準で、神さまの米作りが行われていることに驚き、また神さまに供える米を作ることにとまどいもあったといいます。

山口さんは、ベテランの神田作業員や神宮の神職からアドバイスを受けるほか、田植えや稲刈りなどの奉仕に来る全国の農家の声に耳を傾けました。米をよりおいしく、よりたくさん作りたい、彼らの不断の努力と高い技術力に感服し、敬神の念の深さにも気づきました。

「収穫が良くても悪くても、神さまに感謝するのです。米は悪いなりにも実りをもたらしてくれますから。米作りは人の力の及ばない天候と向き合うので、天という大きな力を何よりも感じるのでしょう」

以前、神宮神田で米作りに携わっていた地元、楠部町《くすべちょう》の農家の人々は「神さまのことやから」と自らの田より神田の農作業を優先したといいます。若き作長が神田で目の当たりにしたことは、日本人が長年かけて培ってきた米作りの精神といえるものでした。

日本人は古くから米を主食としてきました。湿潤な気候風土に適した穀物で、エネルギー源となる炭水化物を多く含み、おいしい。しかし専門家から見た米の素晴らしさは異なります。米は、毎年同じ土地に同じ作物を続けて植え付ける連作が可能であるため、一度土地を拓けば半永久的に収穫できる。そのことが多くの人々を養い、永住を可能にしたこと。保存食であること、食物アレルギーがないこと……。これほど素晴らしい穀物を主食にできる私たちはなんと幸せなことか。ですが、日本人を取り巻く食の現実は目を覆いたくなるばかりです。

「私たちは人間の技術を用いてできた最上のものを神さまへ供え、感謝の気持ちを表してきました。米は神さまからお預かりしたものだから、略奪することなく、土地を守り、技を磨いてきたのです」

毎朝、内宮に向かって遥拝《ようはい》し、神田下種祭《げしゅさい》、御田植初《おたうえはじめ》、抜穂祭と祭りを重ねて進める神田の米作り。神さまと離れずに行う米作りは、季節に合わせ、極力自然のサイクルに近いところで行われています。まさに神代の昔からの米作りの精神を垣間見るようです。

神田を毎日見つめる山口さんは、まだ穂の出ていない青々とした稲田の七月が一番好き、と言います。穂がつくと、虫がつかないか、鳥が食べないか、実の入り具合はと心配でたまらないからと、まるで子育て中の親のようです。誠心誠意、米作りにかける頼もしい技師の姿に、またひとつの奉仕の形を見たように感じました。

古代の美と精神を今に、御装束神宝

神宮式年造営庁神宝装束課長　采野武朗さん

昭和21（1946）年、京都市生まれ。多摩美術大学を卒業後、二代目龍村平蔵に師事、同60（1985）年、伊勢神宮に奉職。以来技師として御装束神宝を担当。確かな判断力を維持するには、趣味の太極拳が一役買っているという。

南向きの大きな窓から柔らかな日差しが射し込む神宮司廳庁舎二階の一室。事務机にパソコンが置かれた神宝装束課は、ほかの事務室となんら変わりなく、ただ壁にいくつも掛けられた大きなT型定規が存在感を漂わせていました。

T型定規を見ながら、「定規を使った図面製作はすみました」と晴れやかにおっしゃるのは、神宮式年造営庁[*1]神宝装束課長の采野武朗《うねのたけお》さん。二年前にお目にかかった時は製作者に渡す図面を一枚一枚手書きされている頃でした。御装束神宝《おんしょうぞくしんぽう》（以下「御神宝」と略）を担当する技師として一つの役目を終えたせいでしょうか、今は少しほっとされた様子です。しかし、御神宝の製作に対する姿勢は厳しいままでした。

「御神宝の撤下品《てっかひん》[*2]、図面、仕様書があれば製作の六割は完成します。あとの四割は関わる者の美に対する思いです」。東京の美大で西洋美術を学んだ采野さんは、二代目龍村平蔵《たつむらへいぞう》のタペストリーで東洋美術に興味を持ち、龍村氏に師事。シルクロードを旅した後、御神宝を知り、強く魅せられました。そして、前回の神宮式年造営庁発足に伴い、人を介して誘いを受け技師の道へ。後に技師は二人で、二〇年に一人の割合でしか採用されないことがわかり、「御神宝にたずさわることができて幸せでした」と笑みがこぼれました。前回の遷御《せんぎょ》の儀では祭列に加わり、御神宝を奉持《ほうじ》して感慨無量だったといいます。

御神宝の歴史をさかのぼると、九世紀初めの『皇大神宮儀式帳《こうたいじんぐうぎしきちょう》』に記載される一九種に至ります。梓御弓《あずさのおんゆみ》、玉纏御太刀《たままきのおんたち》*3、須賀利《すがり》御太刀*4、御鉾、御楯など。その後、時代とともに増えて現在は七一四種を数えます。多様な品々は、金工、木工、漆工、染織などの技法技術によって支えられています。

伊勢神宮の場合、神さまに御神宝を捧げるのは、式年遷宮と「一代一度の大神宝」といわれる天皇陛下の即位の時など。重大な祭りに限って御神宝というのは奉献されるのです。

*1 式年遷宮の造営作業を行うにあたり組織される。総裁は神宮の鷹司大宮司で、事務局は神宮司聴に置かれている。

*2 御神宝の御役目を終えて神前から下げられた品。

*3 神宝の太刀のうち最も華麗といわれる。300個の5色の吹玉をまとうことからこの名がある。

*4 柄にはトキの羽を使っている。

それだけに製作者には清浄な材料で、もてる最高の技術を駆使してほしい、と采野さんは御神宝の調製を追求します。例えば、御神宝で大きな比重を占める織物については、まず織り糸の選定から始まり、染め色、紋図《もんず》を十分に吟味してから見本裂《きれ》の製作に移ります。この見本裂で文様の出方や風合いを製作者と話し合い、最低三回は織り直す徹底ぶり。それから本織りに取り掛かり、織り上がると入念な検査を行います。不備があれば、たとえ当代一流の名工に対しても織り直しを告げなくてはなりません。製作者の労苦が人一倍わかるだけにつらいところもありますが、先方も気持ちよく手直しに応じるそうです。「お互い、神さまに最高の御神宝を捧げたいという気持ちでいますから」。

御神宝の製作が進むと、検査に余念がない日々が続きます。

「御神宝は形は古いけれど、その時の最高の技術と感性で作られていますから、私は現代美術だと思っています。その時代の息吹や製作者の感性も生かされながら、古いものは伝承されていくのではないでしょうか」。伝承における采野さんの美学が貫かれています。

私たちは、神さまに捧げられた御神宝を神宮徴古館《ちょうこかん》[*5]で拝見することができます。采野さんはじっくりと時間をかけて見てほしいと言います。歳月

＊5　第三章　一四二頁参照

をかけて製作してきたものは、やはり時間をかけないと見えてこないからだと。御神宝を通じた名工たちの美と技の伝承。それを支える技師の目は揺るぎません。

二〇〇年の計〝大御神の山〟を守る

神宮司廳営林部技師　村瀬昌之さん

参拝者で賑わう内宮前からくねくねと曲がりくねった山道を車で三〇分あまり。そこでは、「山入り」が行われていました。神宮司廳営林部では神宮林の新たな山で伐採作業を始める時に、山に坐す神さまに御木をいただくことへの感謝と作業の安全を祈る小さな儀式「山入り」を行うことが習慣になっています。一本の木の根元に御木を立て、御酒や御塩などを供えます。一同が拝礼すると、山の神さまに祈りは届いたのでしょうか。森はひっそりとしていました。

〝大御神《おおみかみ》の山〟として重んじられてきた神宮の森は、三つに区分けされています。内宮の神域、その周辺の第一宮域林《きゅういきりん》、そしてさらに山深い地には、式年遷宮の御用材を供給することを目的にした広大な第二宮域林があります。そこは森林の生態系の調和を図るため、針葉樹（ヒノキ）と広葉樹の混

昭和29（1954）年、愛知県名古屋市生まれ。三重大学農学部で林学を学び、卒業後の同54（1979）年に伊勢神宮に技師補として奉職。今回の式年遷宮では御用材の調達を担当。「子どもの頃は正月には近くの熱田神宮に初詣へ、旧正月の二月には祖母に連れられて伊勢参りを」。

交林が広がります。

「神域と第一宮域林は神さまの領域と考え自然のままに、第二宮域林は人の領域として植樹、間伐、伐採を行っています」とは宮域林を維持管理する営林部の技師、村瀬昌之《むらせまさゆき》さんです。名古屋市出身の村瀬さんは、三重大学農学部で林学を学び、伊勢神宮に技師として奉職。学生時代の神宮研修で、解体中の社殿で見た、その内側のヒノキの美しさが今も忘れられないといいます。


宮域林の管理は、大正一二（一九二三）年に林学の権威者によって策定された「神宮森林経営計画」に基づいています。そこには神宮の尊厳を守るための風致、水源のかん養、そして式年遷宮の御用材の供給という三つの大きな目的が掲げられています。八〇年以上前に策定された指針ですが、「森林を取り扱う憲法」と村瀬さんは尊重しています。最初に読んだ時は「さすが」と感心し、一〇年経ると「ちょっと待てよ」とまた違う見方をしたり……、今では具体的なことには触れず道筋を示してくれた、先人の卓見だと思うようになりました。

将来、この計画が手かせ足かせにならないよう、細かいことは定めず、時代に合わせた発想ができる自由度の高いまとめ方がなされていたからです。御用材のヒノキの生育には二〇〇年の歳月がかかります。一世代ではなく、何世代も受け継がなくてはならない森林管理の難しさをふまえた先人の大いなる思いが、この森林計画から読み取れました。

村瀬さんは言います。「おそらく二〇〇年経つと、神（神域と第一宮域林）と人（第二宮域林）の領域が外観上は区別できなくなるのではないでしょうか」。

今回の式年遷宮にあたって、村瀬さんは御用材調達の担当となりました。平成一七年に行われた遷宮行事、木曾の山で御用材を伐採する御杣始祭では、祭りで伐採する樹齢三〇〇年のヒノキのある祭場探しに山を駆けずり回りました。チェーンソーによる伐採が一般的な中、斧で伐採する伝統技術の「三ツ尾《みつお》伐《ぎ》り」*1を行う杣夫《そまふ》選び*2にも苦労しました。「木曾だけでは奉採ができないとわかった当初は大いに困りました」と苦笑いをします。

それでも、木曾と神宮の双方の杣夫によって無事に御用材が伐採され、木曾ではこの祭りをきっかけに三ツ尾伐りの保存会が発足。また神宮でも、昔ながらの斧を使った技術が若い世代に伝わりました。

祭りの後、伐採された御用材を木曾の山から伊勢へ運ぶ「御樋代木奉搬《ほうはん》」*3

*1 幹の三ヵ所に集中して斧を入れる。

*2 伐木や造材する人々の旧称。

*3 現在は各地での歓迎を受けながら、伊勢までトラックにより陸送される。

に同行した村瀬さんは、沿道で迎える人々の中に珍しそうに見ている高校生の姿を見つけました。声を掛けると目を輝かせて何度も何度も御用材をなでています。「これで次には親となって子どもを連れて来てくれると。ほんのささいな事ですが、次の世代に精神は受け継がれていくと感じました」。脈々と続いてきたであろう「大御神の山守り」の姿がそこにはありました。

無我の境地で、神前に舞う

神宮楽師　古森徹さん

純白の袍《ほう》*1を身につけ、腰に黒塗りの太刀を佩《は》いた舞人が颯爽と舞台の中央に上がりました。手には青々とした榊の枝。榊には三種の神器のひとつである御鏡を表したという白い輪が取りつけられています。

そして、「人長舞」といわれる舞が始まりました。人長とは、神楽の舞人の長のこと。一般には「にんじょう」といいますが、神宮では濁らず「にんちょう」と呼び慣わしています。雅楽器特有の豊かな音色が私たちを一瞬にして雅な世界に引き込んでしまいます。

人長舞は神宮の神楽殿で拝見することもできますが、一年で最も大切な一〇月の神嘗祭の「御神楽《みかぐら》」という神事で舞われる特別な舞です。

神宮楽師《がくし》の古森徹《こもりとおる》さんは三九歳。「御神楽」での人長の大役を務めています。「御神楽」は、奉幣《ほうへい》の儀がすんだ御垣《みかき》の内で夕刻から始まり、中休みを

昭和45（1970）年、伊勢市生まれ。宇治山田商業高校卒業後、同63（1988）年伊勢神宮に奉職。楽生、楽師補を経て平成9（1997）年より楽師に。楽器は笛、舞は右舞を担当。前回の式年遷宮では御神宝の楯を奉持した。

挟み四時間にわたり、一五曲が奉奏されます。もちろん私たちは見ることはできず、ただただ神さまのために奏でられる神楽なのです。

神宮では神さまに対して奉納される舞楽は、「御神楽」と「お神楽」に区別されています。祭りの際、御垣の内で奉納する「御神楽」に対して、神楽殿で人々の祈願を取り次ぎ、奉奏されるのが「お神楽」というのです。

古森さんは地元の商業高校を卒業後、好きな音楽の道に進もうと神宮司廳奉賽部《ほうさいぶ》雅楽課に奉職。まったく知らない世界に最初は戸惑うこともありましたが、楽生、楽師補を経て、平成九年に楽師に昇格。現在、雅楽課三一人のうち、楽師は二〇人しかいません。

「楽師は一〇年たってようやく一人前。それまでは先生と一対一で口伝という伝承法で指導を受け、試験を繰り返します。掃除、お茶出し、先輩の装束付けの手伝いなどをしつつですから、忙しくて、時には自宅でも練習をしていました」

人長舞は静かな淡々とした舞ぶりです。豪華な装束や派手な振り付けの舞楽ではないゆえに、手のひと振り、足のわずかな動きなど、一つひとつの所作に細やかな神経をいきわたらせる、高い集中力を要するもの。熟練

＊1　奈良時代以降に主に貴族階級で用いられた、上半身を覆う衣。一番上に着るので「うえのきぬ」ともいう。

した者にしか出来ない厳しい舞と見受けました。

楽師たちは日常、スーツ着用で通勤し、まずは潔斎所《けっさいしょ》で湯水を浴び、白衣と袴を身につけ、朝拝を行います。そして神楽殿でお神楽の希望が入ると、御殿に上がり、それ以外は練習時間にあてます。雅楽課の部屋は、楽長以下、文机がずらりと並びます。ここでは正座があたり前。規則的な一日、清清しい立ち居振る舞い、修練は生活面、精神面にも及んでいました。

楽師は唱歌《しょうか》を学び、舞と楽器を修得します。古森さんが笛を手に取り、唇を吹き口にあてると、強く、大きな音色が稽古場に響き渡りました。「僕はきっと肺活量で試験に通ったのです」と笑いますが、古森さんは今もテニスクラブで汗を流すスポーツマン。日々身体を鍛え、万全な体調で奏でる楽師の笛の音は、天にも届きそうな力がみなぎっています。真っ直ぐな笛の音色は何よりも楽師の実直な人柄を語っていました。

難しい人長舞を無心に舞う姿は古人《いにしえびと》もかくやと思うばかり。この人にして「御神楽に奉仕して十数回目になりますが、毎年緊張して、慣れるということはありません」。

神前の「御神楽」は、日が落ち、薄暗い御垣の内、庭燎《にわび》のわずかな灯りの中で行われます。無我の境地になるという人長舞。舞の最後にはその庭和《わ》燎に向けて、右手に持つ輪榊《わさかき》を差し出すのだそうです。火のはぜる音、和琴《ごん》の響き、影を長く引く人長の姿。おそらく参拝者を前にした人長舞と神前の「御神楽」では同じ振り付けであっても次元の異なるものに違いありません。私たちが見ることのできない神さまの前で、古来の幽玄な神楽が連綿と受け継がれている——その崇高な伝統に尊さを感じずにはいられませんでした。

徴古館開館一〇〇年の役割

神宮徴古館・農業館学芸員　深田一郎さん

緑豊かな倉田山の丘に建つルネッサンス様式の瀟洒な神宮徴古館《ちょうこかん》。まっ青な空に映える白亜の建物は、一〇〇年の風格を漂わせていました。

明治四二（一九〇九）年、約二〇年の準備期間を経て開館した神宮徴古館は、赤坂迎賓館や東京国立博物館を設計した片山東熊《かたやまとうくま》が手がけたもので、第五七回式年遷宮を記念しての大事業でした。というのも明治維新の改革は、世襲の神職家や伊勢信仰を広めた御師の廃止など神宮にも大きな影響を及ぼし、それぞれの家が所有していた貴重な資料が散逸されつつある危機的状況だったからです。それを一括して保存しようと建てられたのが神宮徴古館でした。

「例えば、当館所蔵の平安時代の毛抜形太刀《けぬきがたたち》は、所有者を御師《おんし》から豊宮崎文庫[*1]、神苑会[*2]と経た後に、希少価値が認められ当館で国重文指定を受けま

昭和46年、広島市生まれ。父親の転勤により幼少時から東京都葛飾区で育つ。皇學館大学国史科で学芸員と神職の資格を取得。同大学院卒業後、平成9年奉職。企画展「神宮の刀」などを担当。

*1 慶安元（1648）年に外宮の神職とその子弟らの学校、図書館として創設。江戸時代、伊勢の文教の中心となる。

した。戦時中の金属類の供出にあたっても神さまの刀剣であると除外され、終戦後の進駐軍による刀剣類の検閲からも神職が津の駐屯地へトラックで持参し直談判して守ったもの。伊勢の文化をつなぎとめたのが徴古館一〇〇年の役割だったのです」と学芸員の深田一郎さん。

その一〇〇年の歴史には、太平洋戦争の空襲で外壁を残して焼失するという災禍もありました。しかし、昭和二八（一九五三）年の第五九回式年遷宮の付帯行事として再建され、再び開館。罹災した外壁のレンガを利用して旧来のルネッサンス様式を踏襲しつつ、内部をコンクリート構造で補強しています。〝神宮の博物館〟も二〇年に一度の式年遷宮とともに再生したのでした。

現在、神宮徴古館の入場者数は年間約四万人。一人でも多くの参拝者に立ち寄って欲しいといいます。

「参道を歩いていくと、自然と頭を下げてお参りをしようとする気持ちになるのはなぜなのか。そうした疑問にお答えできるのが当館です」と深田さん。これからの神宮徴古館の役割をしっかりと見据えていました。

＊2　神都伊勢の景観を整えようと明治19（1886）年に創設。国家的な規模で、神苑の整備と神宮徴古館・農業館建設が行われた。

【神宮徴古館・農業館】
徴古館と、隣接する農業館では神さまに捧げる御料についてさまざまに展示紹介している。入館料大人300円、月曜休。☎0596（22）1700。伊勢市駅から徴古館経由の外宮内宮循環バスで徴古館前下車すぐ。近くには、式年遷宮に奉賛して美術・工芸家から献納された絵画や美術工芸品などを収蔵・展示する神宮美術館もある。

神領の民として、奉仕させていただく

伊勢商工会議所副会頭　堀﨑萱二さん

平成二一年二月一日、宇治橋の架け替えを前に、渡り納めをしようという有志の呼びかけに集まった約八〇〇〇人で内宮宇治橋前は騒然としていました。

「宇治橋の渡り納めは感謝を込めて粛々と渡っていただきたい。記念品の木札をもらいに来ただけの方はすいませんが、お帰りください」

厳しい言葉に宇治橋前の空気は改まり、人々は五列に整列し、無事に宇治橋の渡り納めを終えました。鶴の一声を放った人こそ、伊勢商工会議所副会頭の堀﨑萱二《ほりさきかんじ》さん。宇治橋架替奉祝実行委員長を務めていました。

「嫌われ役ですよ」と謙遜されますが、この毅然とした態度に感銘を受けたとねぎらいの手紙も届いたといいます。

堀﨑さんは伊勢で代々続く建設会社の社長。大阪から戻った後、町をよ

昭和12（1937）年、伊勢市生まれ。日本大学卒業後、大手建設会社勤務を経て家業を継ぐ。現在、堀﨑組社長。第62回御木曳では尾上町奉曳団団長とともに奉曳団本部総副委員長を務める。平成10年から伊勢商工会議所副会頭。

くしたいと商工会議所で活動を始め、平成八年の「内宮御鎮座二千年祭[*1]」を手伝ったのを機に神宮関連行事に深く関わるようになります。有志で集まり、今回の遷宮行事はどうあるべきか、民間で何ができるのか、その頃からずっと話し合ってきました。というのも二〇年に一度の式年遷宮の度に伊勢は道路などのインフラ整備や博覧会開催など大がかりな事業が行われてきた経緯があるからです。

「これまでのハード面と違い、今回はソフト面が大事ではないか、江戸時代、参拝者におにぎりや湯茶などを無料で提供した施行《せぎょう》の精神、伊勢へ来られた方へのもてなしの心を神領民にきちんと伝えたい」

堀﨑さんは、神宮に奉仕するのではなく、させていただくと言います。「ほかではボランティア活動はしませんが、神宮のことは義務でもなく、理屈でもないのです」。脈々と流れてきた神領民《しんりようみん》[*2]のDNAとしか言いようがないと笑います。遷宮は「奉仕させていただく」その心意気を次の世代に伝える絶好の機会なのです。

平成一八、一九年の御木曳行事では、堀﨑さんは自らの地元、尾上《おのえ》町奉《ほう》曳団《えいだん》団長と、さらに市内八五の奉曳団[*3]のまとめ役という重責を担いました。

*1 『日本書紀』に記述がある、垂仁26年の鎮座から2000年。
*2 伊勢神宮の支配地とされた神領に住まう人々。現在では伊勢市民のことをこう呼ぶことが多い。
*3 神宮の御用材運搬を奉仕することを「奉曳」と呼び、奉仕する団体を「奉曳団」とする。

それぞれに歴史も誇りも持つ各奉曳団を束ねることは、一筋縄ではいきません。

「財力もなければ、身体も小さく腕力もない、それでもまとめ役としての存在感を作っていかんと。それには人のできやんことをコツコツとしていくしかない」と堀﨑さんは御木曳行事の間、夜は各奉曳団の用材の積み込みを最後まで見守り、就寝するのが一二時。翌朝は五時に起きて、早朝から一日神領民の対応をしつつ、市内の奉曳団の進行を管理する日々。そこまですると家業の仕事がおろそかになるはずではと尋ねると、「むしろ神宮のためやから、誇りに思っている」と、身内から文句はありませんでした。

　また、遅れがちな奉曳団には一言注意もしなくてはなりません。そこは「ケンカになるところをならないようにする」ことが肝要で、毎日の献身的な行動を知る各奉曳団から文句は出ませんでした。

　神領民のリーダーたちの目はすでに平成二五年の白石《しらいし》奉献*4（御《お》白石《しらいし》持《もち》行事）に向けられています。伊勢を流れる宮川の河原の白石を、神領民が真新しい社殿の建つ内宮外宮の御敷地に納める行事です。どのように白石奉献を行うのか。議論は始まっています。「声の大きい人の意見を通すのではなく、正しいことを正々堂々と言うこと。漬物石の重しの役目をしようと

*4 宮川の河原などで集めた白石を神宮へ献じる行事。

思っています」と、長老としての目は揺らぎません。
伊勢では毎年一〇月一五、一六日に内宮外宮に初穂《はつほ》を納める「初穂曳《はつほびき》」*5が行われます。二〇年に一度の御木曳や白石奉献の伝統を絶やさないためにも、毎年の初穂曳は大切な行事です。「うちの会社は休み。社員皆で初穂曳です」。にやりと、当たり前のように。神領民のDNAは確かに伝わっています。

*5 15日は陸曳で外宮へ、16日は川曳で内宮へ奉納する。

平成の御師でありたい

伊勢神宮崇敬会総務部長　辻博之さん

五月の内宮前、赤、ピンク、白のプリンセスローズに彩られる花園をご存じでしょうか。「神宮会館」の神宮ばら園です。あまり知られていないのが残念に思われるほど、丹精込めて育てられた四五〇株のバラは、伊勢参りに華やぎをもたらしてくれます。

内宮に最も近い宿泊施設である神宮会館を運営しているのは、財団法人伊勢神宮崇敬会《すうけいかい》です。その歴史をひも解くと、昭和二八（一九五三）年の第五九回式年遷宮の募財のために設立された「伊勢神宮式年遷宮奉賛会」に遡ります。伊勢神宮は太平洋戦争の敗戦後、宗教法人令により一宗教法人になりました。それまで国家予算で行われていた式年遷宮も公の財政的援助が禁止されます。式年遷宮が大きな危機に直面した時、膨大な遷宮資金を民間から集める募財活動を行うべく結成されたのがこの奉賛会という組

昭和30（1955）年、伊勢市生まれ。愛知工業大学工学部卒業後、同大学環境工学研究所研究生を経て、栗田水処理管理に就職。環境分析を担当する技師の後、平成2（1990）年から伊勢神宮崇敬会勤務。同16年より現職。父親は伊勢神宮の電気関連の元技師。

織でした。

「戦後の復興期、皆さまの総意のもとに天皇陛下からお預かりしているお社の遷宮ができました。その総意を絶やすことなく、時代は変わっても崇敬会は続いていています」と同会の総務部長、辻博之《つじひろゆき》さん。第六〇回伊勢神宮式年遷宮奉賛会が設立されたのを機に、遷宮の募財活動からは離れ、神宮の奉賛の組織として昭和四〇年に「伊勢神宮崇敬会」となりました。辻さんが就職した平成二（一九九〇）年頃は神宮会館の宿泊者の浴衣は白衣。神宮に奉仕する人々の参宿所《さんしゅくしょ》であった名残がまだあったといいます。

現在は事務局を神宮会館に置き、全国四七都道府県に支部を持ち、会員数は一万四〇〇〇人にのぼります。神宮一二五社めぐりをはじめ、新穀感謝祭《しんこく》や初穂曳《はつほびき》への参加などご神徳を広める事業を行い、「宗教法人の神宮にできないことを崇敬会で補いたい。平成の御師《おんし》を担えるように研鑽を積んでいます」。辻さんの言葉に御師としての覚悟がうかがえます。

辻さんに館内を案内してもらうと、遷宮行事のパネルやミニ御木曳車、神さまの御料の撤下品などが随所に展示され、なるほど伊勢参宮の宿だと納得しました。また、職員が案内する早朝の内宮参拝[*1]もあります。その案

*1 宿泊者のみ参加可能。朝食前の約1時間40分。

内役は職員の順番制で、社内で勉強会を行い、それぞれが趣向をこらして案内をしているのです。辻さんも元は民間の会社で水の浄化を担当する技師でした。そんな経歴から、神宮の自然循環についても注目しています。

「水を浄化するには微生物が活動できる環境を作ることです。これまでは科学の力で人為的に浄化してきたのですが、神宮ではそれを自然の森が行っている。偉大なメカニズムだと感じ入りました」

辻さんは、神宮の自然を子どもたちに知ってほしいと自然観察指導員の資格も取りました。早朝参拝でも自然観察についつい力が入るといいます。参道の曲がった木は、伊勢湾台風で倒れた時の名残であること、落ち葉を木の根元に戻し、腐葉土にしていること……神職とはまた違った、元技師ならではの神宮案内です。

「自然治癒力の備わった神宮の森は、自然の恵みに感謝することを人々に教えてくれます。それが現代人が求める心の浄化につながるのではないでしょうか」

神宮ばら園は、春と秋の二回、見頃を迎えるように職員が手入れをしているといいます。日頃の接客の傍ら、専門の庭師にゆだねることなく、剪《せん》定《てい》や消毒など骨の折れる作業を自らの手で行っているのです。一生に一度の伊勢参りを最高のもてなしで迎えた御師たち。目につかない所でも額に汗する姿勢に御師たちが受け継いできた確かなものを見たように思いました。

【神宮会館】
内宮前にある参宮者のための宿。1泊2食付き7000円～1万7000円。伊勢市駅から外宮内宮循環バスで神宮会館前下車すぐ。住所／伊勢市宇治中之切町152。☎0596(22)0001。巻末地図二一二頁。

先代から預かったものを次代へ渡す

伊勢神宮奉仕会青年部長　中村基記さん

伊勢神宮内宮前、宇治の町では、五十鈴川の大岩「よぼ」の水面下の穴を潜り抜けると、一人前の男として認められてきました。参拝者で賑わう宇治橋から一〇〇メートルたらず下った川辺で宇治の子どもたちは遊び、大人になってきたのです。

「もちろん夏には毎日、よぼで遊んでいましたよ」と笑う伊勢神宮奉仕会青年部長の中村基記《なかむらもとき》さんは、宇治橋前で代々商う土産物店の若社長。一時は都会に憧れ、宇治を離れて大学に進学し、就職。二〇代半ばの時、地元の祭りで活躍している同級生の姿に、自分自身にはない地域のつながりや人との強い絆を感じ、Uターン。家業の土産物店で働き始めました。

まずは近所と関わりたいと地元の町おこしの会に入り、伊勢市観光協会青年部、伊勢青年会議所、伊勢商工会議所と活動の場を広げていきました。

昭和40（1965）年、伊勢市生まれ。法政大学卒業後、リゾート開発会社勤務を経て家業を継ぎ、現在は勢乃國屋社長。伊勢商工会議所常議員、遷宮・観光委員会委員長ほか。平成21年の1月から伊勢神宮奉仕会青年部長。

一度は都会で働いた外の目をもつ中村さんには、伊勢は神宮のお膝元にある観光都市ながら、観光を低く位置づけていることが疑問に映ったといいます。

「観光業と直接関係のない人々は町に関心がない。それでは伊勢の活性化という大きな動きにはならない。何か価値をもってもらえないか」。中村さんたちは一次産業と観光を結びつけようと、地場産品を直売する「伊勢楽《いせらく》市《いち》」を外宮前で始めました。すでに二〇回を超えるまでになりましたが、なぜ内宮前ではなく、外宮前にこだわったのでしょうか。[*1]

「神宮さんがある伊勢は参拝者の外貨で稼ぐ町。今は内宮前だけが賑わっています。参拝者が外宮前など町中に循環していないからです」。けれど、内宮前で商売をする中村さんにとっては、内宮前が賑わっていればいいのではないかと尋ねると、「伊勢全体で取り組みを考えないと、そこから停滞してしまいます。町全体にとって外宮前の活性化は大切」ときっぱり。大局的な見地で伊勢という町の経済を考えているのです。

平成一八、一九年の御木曳行事では、中村さんは全国から奉仕する一日神領民[*2]の人々をもてなしました。二年で予想を上回る七万人以上が参加。

*1 内宮前の宇治地区、外宮前の山田地区はそれぞれの宮の鳥居前町として別々に発展してきた。

*2 旧神領民以外が御木曳行事に特別に参加できる制度。募集は昭和40年の第60回式年遷宮から始まった。

若者も年配者も杖をついた人も、皆が汗だくになってもありがたいと御木曳の綱を曳く姿を目の当たりにして、大きな感動を覚えました。

「奉仕の精神というけれど、地元ではお祭り騒ぎの一面もあります。全国からの一日神領民をお迎えして、改めて伊勢をありがたいと慕う純粋な心に気づかせてもらいました」

　中村さんは伊勢神宮奉仕会青年部長に就任し、任期中は次の世代に神領民の心を伝えていくのが役割と考えました。御木曳行事が終わった今、次は、毎年一〇月の神宮の神嘗祭に合わせた初穂曳の陸曳《おかびき》を奉仕会青年部が主体となり、全国からの特別神領民[*3]を迎えています。自分と価値観の異なる二〇、三〇代をどうまとめていくか、強引にリーダーシップを発揮していくか、和気《わき》藹々《あいあい》とするのか、その手立てを探ります。次世代への継承は全国各地でも深刻な課題となっていますが、

「伊勢は二〇年に一度のサイクルで御遷宮があるため、御木曳など形から入っていきやすいのです。先代から預かったもの、精神や技、財産などを自分が受け継ぎ、そして次の世代に渡していく。それが伊勢の、神領民の精神ではないでしょうか」

　伊勢の人々は生まれた時から神領民なのではなく、全国からそれぞれに

*3　旧神領民以外でも初穂曳に特別に奉仕できる制度。

思いを抱いた参拝者を迎えながら、その心が培われ、神領民となっていくのでした。

五十鈴川の「よぼ」は、実は烏帽子岩《えぼし》がなまった呼び方。元服した男子が被る烏帽子に象徴されるように、「よぼ」で一人前となった若衆は、遷宮行事に奉仕し、遷宮を体験することで神領民となるのです。

若い世代へ、世界へ

伊勢神宮式年遷宮広報本部本部長　田中恆清さん

昭和19（1944）年、京都府生まれ。國學院大學神道学専攻科卒業後、同44（1969）年に平安神宮に奉職。同47年に累代奉仕する石清水八幡宮へ。同神社58代宮司。平成22年6月から神社本庁総長

「夜中の二時頃からお祭りが始まりまして、ちょうど夜が白々と明けてくる五時頃に最も大切な神事がとり行われます。早暁の神域はそれはそれは清々しい」。京都の南部、男山に鎮座する石清水八幡宮《いわしみずはちまんぐう》。石清水祭を徹夜で奉仕した宮司の田中恆清《つねきよ》さんは、伊勢神宮の御札を配るにあたって祈念する神宮大麻暦頒布始祭《じんぐうたいまれきはんぷはじめさい》に参列するため、そのまま伊勢へ来られました。

　全国の八万もの神社を束ねる神社本庁の副総長（取材時）、そして伊勢神宮式年遷宮広報本部の本部長として奔走する忙しい日々です。それにしても式年遷宮の広報活動を別の神社の宮司さんが担っているとは思いがけないことでした。

「全国の神社の本宗《ほんそう》と仰ぐのが伊勢神宮。お寺の本山と末寺の関係とは違いますが、最も尊貴で、中心となる存在ですから、神社界全体で遷宮を奉

賛しているのです」

創建が平安時代初めという八幡宮の祠官《しかん》家に生まれた田中宮司でしたが、末っ子ということもあり最初は音楽の道に進もうとしていました。しかし、父親に兄が病弱だからと説得されて神職資格を取ると、そのまま奉職。後に家職を継ぎます。伊勢神宮に次ぐ第二の宗廟《そうびょう》とも称された神社に生まれ育った田中宮司は、若い頃から神宮の遷宮が常に頭にあったといいます。それゆえ、若手神職の組織の長になった三八歳の時、「遷宮の心を守り伝える委員会」を作り、これからの神職は何をすべきなのか、神社界全体として遷宮にどう取り組むのか、真っ先に研鑽《けんさん》を積みました。

なぜ遷宮にこだわるのか、それぞれの神社には古くからの氏子組織が続く一方で、時代の変化や世代交代で崇敬心が途絶えることへの危機感が共通にあると指摘します。

「けれど、神宮への崇敬心は今も生きていますね。遷宮へは仏教界からの協力もあるほどで、日本人という枠で協力が得られる。これは世界の宗教の中でも珍しい」

田中宮司が心がけた広報活動は、今度の第六二回はもとより、次の第六三回（平成四五年）を踏まえての取り組みでした。

年間五〇〇〇万人あまりの観光客を迎える京都の一宮司として、神社と寺の区別がつかない若い世代を目の当たりにすると、理屈より、神社の杜《もり》という「場」の気配を訴えたいと考えました。遷宮のイメージソングを、幅広いファン層をもつ藤井フミヤさんに依頼したのも田中宮司です。田中宮司が直談判すると、藤井さんは自分の活動に行き詰まると神社の大木に抱きつくのだと言い、「光栄です」とその場で快諾。神社の杜に魅了されている藤井さんが、伊勢神宮の五十鈴川のほとりで作曲したのがイメージソング「鎮守の里」でした。藤井さんは橿原《かしはら》神宮*1のコンサートをはじめ、さまざまなライブ活動でも「鎮守の里」を歌っています。

そして、女優の浅野温子さんによる『古事記』の語り舞台「日本神話への誘い」も神社の境内を舞台にすでに五〇カ所以上で行われています。神社の杜が人と自然、過去と現在を結びつける「場」となるのです。

遷宮まで広報活動は続きます。次なる手をうかがうと、

「神道で日本人の心や伝統を国際的に発信していきたい。その際には日本人の寛容さがキーワードになります。一神教では神か仏かですが、日本では神も仏も、ですから」

*1　奈良県橿原市に1889年に創建。神武天皇をまつる。

環境問題が世界的な課題となっている今こそ、「自然に生かされている」という自然観に根ざした日本の神道の存在意義を高める時に違いありません。世界の宗教者が集まり、環境をテーマにして意見を述べ合う場を作りたい、田中宮司の目に力が入ります。神社の杜が今度は日本と世界を結びつける「場」となる、大いなる役割を担うことを確信しました。

〈上〉遷御の際、ご神体をお納めする仮御樋代と仮御船代のご用材を伐採する仮御樋代木伐採式は、平成18年5月に行われた。〈下〉ご神木の切り株にさされた「鳥総」。写真／稲田美織（2点とも）

ヒノキの丸太を載せた御木曳車を2本の綱で外宮に曳き込む「陸曳」。御木曳車は各奉曳団が所有する。写真／阪本博文

誠
一二三四
誠義会
誠義会

大湊

伊勢神宮の神嘗祭に合わせた「初穂曳」。10月16日の内宮の川曳は、毎年各地区の持ち回りで行われる。一方15日の外宮の陸曳は、伊勢神宮奉仕会青年部が主体となって行う。写真／著者

鎮地祭の童女役はいずれも神職の子女。４歳から10歳までの女の子が重責を担った（別宮・伊佐奈弥宮にて）。写真／著者

内宮、五十鈴川に架かる宇治橋は、長さ１０１・８メートル、幅８・２４メートル。両側の大鳥居は遷宮の翌年、平成26年に新しくされる。写真／著者

第四章　永遠への掛け橋

――式年遷宮行事始まる

厳かな祈りの時、山口祭、木本祭

・山口祭　平成一七年五月二日　内宮・外宮
・木本祭　内宮

ざっざっざっ。神職らの祭列が進みだすと、玉砂利を踏む足音が小気味よく響いてきます。

ざくっ、ざくっ。足音が身近になります。大宮司以下、白い斎服の神職ら、物忌《ものいみ》の小学生や造営に携わる忌鍛冶《いみかじ》、小工《こだくみ》の姿も見えます。子どもが重要な祭りに加わるのは、先例にならうといい、男の子は半尻《はんじり》という白地に緑の模様のついた装束で、背筋をしっかりと伸ばし、りりしい姿。袙《あこめ》という緑の装束の女の子は、真っ直ぐな黒髪に檜襷《ひだすき》がよく映ります。二人とも神職の子弟です。総勢六〇人以上の長い祭列は正宮へ向かいました。

祭列で印象的なのは、玉砂利を踏む足音。これまで幾度となく聞いてきましたが、乾燥した冬は高く鳴り、雨の日はくぐもった音が響きます。山口祭の今日は、大きくてやや重たい音……その足音が、神宮が刻んできた長い歴史と重なります。

前夜の雨もからりと上がった五月晴れ。八十八夜にあたる平成一七年五月二日に山口祭、木本祭が行われました。雨で洗われた参道は、新緑も玉砂利も光り輝き、木々の間を流れる空気は透き通ってきます。

祭りに直会《なおらい》[*1]はつきものですが、神事の前にあるとは不思議です。祭列は祭場へ向かう前に五丈殿《ごじょうでん》[*2]に入り、饗膳《きょうぜん》の儀が始まりました。これは朝廷から造営使《ぞうえいし》を迎えた頃の名残で、神事が始まる前に造営側と神宮側が同席する祝い膳といいます。二種類の膳が用意され、造営の用材を表すように白木の膳、森を象徴しているような檜葉で覆われた黒木の膳。膳には、人が食べやすいように神饌よりも小さく刻んだ魚や野菜がのっています。そして、膳を囲む人々に、土器の瓶からお神酒が注がれ始めます。よく見ていると、二献目が済むと円柱型に高く盛られた飯に長い箸をたてかけ、三献目が済むと箸を戻します。外宮では飯をくるりと返すといいます。無言で行う宴ゆえに、合図が必要なのです。

一時間三〇分が過ぎ、再び参道の神楽殿前で待つ私たちの前を、五色の

*1 祭礼の直後に神に供えた神饌を下げて食す。神と人の共食。

*2 内宮は神楽殿の東にある。正面の長さ（五丈）からこの名がある。

幣《へい》*3を先頭にした祭列が進みます。黄を真ん中に緑、赤、白、紫……鮮やかな色が参道を、そして神苑を彩ります。その晴れ晴れしいこと、五月の薫風に五色の幣がよく舞います。

五色は、この世の森羅万象を構成する木、火、土、金、水を表す色として、古代中国の五行思想に発すると知られています。西洋の万物の根元は水、空気、火、土の四つからなる四元素説で、東洋は元素を五つとします。

山口祭は、御用材を伐採するため御杣山に入ることを、山の入口に坐す神さまに祈るというもの。神宮の東にそびえる朝熊山《あさまやま》へ登る宇治岳道の入口にあたる丘に山口祭場はありました。石井神社の旧地といわれ、社殿はなくとも木立からのぞく六メートルを超す大岩がかつての祭祀を語るようです。祭場が狭いため、ここは一般の立入禁止、取材陣も一社一名という体制となりました。

祭場では、まず先頭の小工が、五色の幣を案《あん》（机）の向こうに立て、そのかたわらにつがいの白鶏《はくけい》を入れた籠、そして鍬と鎌が置かれました。奉仕者は北向きに置かれた案を正面にして、敷物の上に正座しています。

祭場を祓い清めると案いっぱいに神饌が並べられました。遠目にもそれとわかる伊勢海老、尾がピンと跳ね上がった鯛、野菜、鶏卵という豪華さ。

*3 布のこと。

そして神職が案の前に座り、祝詞奏上が始まりました。祝詞のときは厳粛を期すため、撮影は一切禁止となります。

祭場にいるすべての人が頭を垂れます。なんという静かな祈りの時なのでしょう。ただ、若葉風が揺らす葉ずれのさわさわという音だけが響きます。

物音にふと我にかえると、数分であったのに、とても長く感じました。デンマークから来日した男性は、「厳粛の中、祈りを捧げた神事の時間がすばらしい」と話してくれました。そしてかの地にはこのような祭りはなく、日本の祭りは最高だとも。「サイレント」と何度も口にする様子に、静謐な祈りは、国籍も宗教も問わず、心に届いていたことがわかりました。

その日の正午、内宮に引き続いて、外宮でも山口祭が行われました。祭りは内宮に準じて行われますが、奉仕する物忌が女の子一人に。内宮は童男、外宮は童女が奉仕するのが慣わしです。

斎館から参道を出た神職らは、お祓い、正宮での八度拝、御池前での多《た》賀宮遥拝《かのみやようはい》、五丈殿での饗膳の儀、忌火屋殿《いみびやでん》前のお祓いを経て、土宮《つちのみや》近くを祭場に神事が行われました。

外宮では思いがけなく祭りに巡り合わせた参拝者も多く、「これは何ですか」とよく尋ねられました。その都度「二〇年に一度の祭りです」と応えると、一様に驚き、祭りに居合わせた奇遇を喜んでいました。

二〇年巡りの遷宮行事にふれて、二〇年後のそれぞれの姿を思い描きました。山口祭に参列した物忌の小学生も三十路を迎える頃。神職の父親と道を同じくしているのでしょうか。

人の来し方行く末の不確かさ。その一方で、遥か昔から繰り返され、これからも繰り返されていくであろう遷宮行事の確かさ。たとえ私がこの世からいなくなろうとも、次世代に引き継がれ、歴史は続いていくことに気づかされます。

三〇〇年前、江戸時代の俳人、松尾芭蕉は僧形《そうぎょう》の身でありながら、奥の細道の長旅を終えた後、遷宮を拝もうと結びの地、大垣から伊勢に向かいました。芭蕉を惹きつけた遷宮に、平成の世に生きる私も惹かれている。人は大きな繋がりの中に生かされているのです。

その日の夕方七時。陽が落ちると、宇治橋前は涼しい川風が吹き渡り、カエルの鳴き声が大きく響いています。

木本祭《このもとさい》は、神殿の床下に立てて奉られる心御柱《しんのみはしら》というご神木を伐採する重要な祭りで、秘儀とされています。地元では「心御柱を語らず」といわれ、恐れ多いと口には出しません。今回はこの祭りの一部が報道陣に公開されることとなりました。神宮は年末年始の一時期を除くと、夜間は参拝禁止。特別に、夜の神域に足を踏み入れることができました。

参道は、外灯がほのかに照らすだけで、まっ暗。報道陣はまとまって歩いていますが、人の顔もぼんやりと見えるだけ。

神楽殿前を過ぎ、お祓いをする忌火屋殿前で祭列を待ちます。闇に、鳥の甲高い声が時折響き渡ります。白丁がかがり火をつけると、小さな火が徐々に勢いを増し、大きな炎となっていきました。こんなに火を見つめるのは久しぶりのことで、過敏になった心が次第に落ち着いていきます。

と、その時。暗闇の中から、祭列の足音が響いてきました。整然として、するどい足音です。

忌火屋殿前に神職らが整列をします。物忌の男の子の姿もぼんやりと浮かび上がります。辛櫃《からひつ》と白鶏が榊で祓い清められると、影が後ろにゆらゆらと映し出され、幻想的な光景が広がりました。五メートルほどしか離れていない所にいるのに、どこか遠くで行われているように感じます。神宮の神職なら誰もがこの秘儀の奉仕を願うといいますから、ここにいる神職は選ばれた一〇人なのです。

この後、祭列は正宮へ向かい、再びこの忌火屋殿前に戻り、山中にあるという祭場へ向かいました。祭列の白い後ろ姿が消え、再び闇が参道を覆います。祭りは夜九時三〇分に無事終了したと、後で伺いました。

木曾の山に槌音高く、木の祭り

・御杣始祭　平成一七年六月三日　長野県上松町

・裏木曾伐採式　六月五日　岐阜県中津川市

山口祭から約一ヵ月後、木曾上松《あげまつ》の美林でご神木[*1]の伐採始めである御杣《みそま》始祭《はじめさい》が行われました。

古くから中山道の宿場である上松は、木曾ヒノキの集積地として栄えてきた山里。平野の広がる伊勢から訪ねると、さすがに山々は高く、谷は険しい。

上松には数年前、前回の伐採跡を案内してもらって以来の再訪でした。その際、御杣始祭について地元の材木商の方はこうおっしゃいました。「その瞬間、キイーと音をたててご神木が倒れ、あたり一面にヒノキの香りがふわっと漂うのです。その音は、まるで木が泣いているように聞こえたのです」。

*1　伐採される用材は御樋代木であるが、神宮に納められる尊い木なので「ご神木」と呼び習わされている。

雨も上がった当日は、緑が美しく、ハルゼミの声がかまびすしいほど。山中に設けられた祭場は、ヒノキの丸太で組まれた舞台です。

祭典が粛々と進むと、いよいよ杣頭を先頭に白いヘルメット、白い服を着た杣人が内宮用と外宮用のご神木の前にそれぞれ分かれました。そして、ご神木をコンコンと斧の背で叩き、一礼すると、「ようーし」と指差し確認、ご神木に斧が入れられます。コーンコーンと音がこだまします。三カ所に斧をふるう三ツ尾《みつお》伐《ぎ》りです。一時間ほどで作業が済むと、

「いよいよ寝るぞ」

杣頭の声が響き、あたりは急に静まりました。

杣頭一人の斧の音だけが響きます。これまで微動だにしなかった樹齢三〇〇年のヒノキが、ゆさゆさと梢を揺らします。すかさず反対側からもう一人が斧を入れるとキィーという音を発して、ご神木が傾き、そのまま倒れました。大きな地響きが山にこだまします。

息を呑みました。一本の木が倒れるということに圧倒されます。一呼吸置いて、祭場は拍手に包まれました。無事に木を倒した杣人たちに、そしてご神木となる木の命に。

その後、もう一本。外宮用の木が、内宮用と重なるように倒されました。

祭りが終わると、ご神木の切り株には、梢の小枝が挿してありました。無事に伐採を終えたことに感謝し、木を山にお返ししますという願いを込めて、伐採後すぐに、木の先端の小枝を切り株に挿す習慣なのだといいます。後で調べてみると「鳥総《とぶさ》」と呼び、『万葉集』にも「鳥総立て足柄山《あしがらやま》に船木伐り」と歌われるほど古い慣わしなのでした。森では倒れた木から、新しい芽が出て木が育つ、倒木更新が繰り返されるといいますが、ここでも木の命の循環が形づくられていることに感銘を受けました。

二日後の五日は、祭場を岐阜県中津川市加子母《かしも》の裏木曾へ移し、伐採が行われました。中津川から付知《つけち》へ、そこからさらに約一時間、林道をバスに揺られ、朝露が葉からポタポタとこぼれ落ちる、静かな朝の森を分け入っていきます。

表木曾の上松よりもきつい急斜面に祭場が組まれていました。あたりは木曾ヒノキ保護林という純林で、樹齢三〇〇年から四〇〇年の木が立ち並びます。飛び抜けた巨木はなく、急斜面ながら垂直に行儀良く立っています。木にも性格があるとすれば、ヒノキは素直な優等生タイプです。

ここでもヒノキの森に、斧を入れる音が規則正しく響き、ご神木は無事に倒されました。

「チームワークを一番にして、一人でも多く三ツ尾伐りを体験させて、若い人たちに伝えたい」と伐採後、杣頭は語りました。

木曾から伊勢へ、ご神木のリレー

・御樋代木奉曳式　平成一七年六月九日　内宮、一〇日　外宮

無事に伐採されたご神木は、木曾から伊勢へはるばる三〇〇キロの道のりを運ばれます。

御杣始祭の翌日、上松の町には木遣り唄が響き、祭り一色に盛り上がっていました。

〽信州の信濃の木曾谷の　ヨーイヨイ
ヒノキの里の上松で　ヨーイヨイ
生まれて育ったこのヒノキ　ヨーイヨイ
今日は映えあるご神木　エンヤラヨートセ

娘を嫁に出すような、子どもを送り出すような、ご神木に対する地元の

愛情がストレートに唄に託されています。伊勢を「お伊勢さま」と呼ぶ上松。これほどまでにご神木への思いがあるとは初めて知りました。

ご神木は町から町へバトンを渡されるように、沿道で奉祝を受け、九日、内宮前の宇治の町に到着。バトンはアンカーの神領民に託され、五十鈴川を三台の木ゾリに乗せて曳かれました。

そして翌一〇日には、外宮へご神木を曳き込む陸曳が地元民三〇〇人の参加により行われました。私も、おみな車（女性専用）の綱を握らせてもらう機会を得ました。宮川に架かる度会橋《わたらいばし》のたもとから曳き始めると、沿道には人、人、人。車椅子のお年寄り、幼稚園児、大勢の人が声援を送ってくれます。女性の木遣り唄も小気味良く響きます。おみな車のメンバーは皇學館大学の女子学生から、七〇代までさまざま。最初は寄り合い所帯ということもあって、息もかみ合いませんが、少しずつ「エンヤ、エンヤ」の掛け声も合うようになってきます。「ええ声やな」と木遣りを励ます年輩の女性。「私らの頃は女の木遣りはできやんだでな」。一本の綱を曳くことが、連帯感を高めていく。いつしか人と人をつないでいました。

約二時間後、外宮に着きました。万歳三唱。涙ぐむ人もあります。ここで再び、上松の木遣り唄を聞きました。

〽日の本一のこのヒノキ
伊勢の社へ納めます
香りも高き木曽ヒノキ
大樹の幹をお伊勢さまへ

木曽の上松での熱気がよみがえります。無事に曳き終えたこと、たくさんの人々の思いを今、つなぐことができた達成感などが混じりあい、胸に迫るものがありました。

木曽の御山で伐られたご神木は、無事に伊勢へ届けられました。大切な木を運ぶことによって、技と、人と、そして心がつながれたことに気づきました。

神さまの木を曳く、御木曳

・御木曳行事　平成一八・一九年　伊勢市

伊勢神宮のお膝元である伊勢の町には、式年遷宮に合わせて二〇年に一度の〝御木曳《おきひき》〟という伝統行事があります。

御木曳は、文字通り神さまの社殿の材となるヒノキの御木をかつて神領であった地元の民「神領民」が曳くこと。その始まりは五五〇年前の記録にさかのぼることができます。江戸幕末には現在の形がほぼ整いましたが、明治維新後は国費で行われたため、奉仕は不要となりました。しかし、伊勢の人々の請願により御用材の一部を曳くことを許され、今に至ります。

平成一八年の五月から七月の三ヵ月間、伊勢では二〇年ぶりの御木曳（第一次）が行われました。今回参加した奉曳団は七六。奉曳団は町単位で結成されますが、旧伊勢街道を曳いて外宮に納める「陸曳《おかびき》」と、五十鈴川をさかのぼり内宮に曳き込む「川曳《かわびき》」に分かれ、それぞれ周辺の町が受け持ちます。

重い丸太を川から揚げ、御木曳車に積み込み、伊勢神宮へ運ぶという一連の作業は時間、費用など大きな負担を伴います。しかし、神宮改革で神領民の奉仕が不要となった明治時代、太平洋戦争中の非常時、トラック輸送となった現代においても伊勢の人々が自ら願い出て御木曳を続けているのです。

なぜそこまで御木曳にこだわるのでしょうか、土地の人々に尋ねると「伊勢に生まれたからあたり前のこと」と皆が口を揃えて言います。「御木曳車のブワーンという音を聞くと、湧きあがるものがある」「宮川の水の冷たい感触は忘れられない」「エンヤ[*1]の声を合わせる快感」と御木曳の話はつきることがありません。何も知らずに親に手を引かれて参加する子どもの頃、奉曳団の先頭に立って木遣《きや》り唄や丸木の荷締め[*2]を行う青年期、そして熟年には役員となり、団のまとめを担う……御木曳を重ねるごとに、伊勢の人々は神さまのお膝元に住まう民の心や習慣を身につけ、やがて本物の「神領民」となっていくのでしょう。

神宮に曳き込む「本曳《ほんびき》」の当日。飾り付けの整った御木曳車につけられ

＊1 綱を曳く時の独特な掛け声。
＊2 奉曳車やソリに御木をしばり付けること。

た二本の長い曳き綱に人々がつながります。綱はまたいではいけない、地面に置いてもいけない、御木も綱もまるで神さまそのものであるかのように大切に扱います。役割を担う団員たちのてきぱきとした動作に身がひきしまります。二見浦に参拝する「浜参宮」、試し曳きにあたる「町内曳」、前日に曳く「上《のぼ》せ車」[*3]と行事を重ねてきた奉曳団には一つのまとまりが生まれていました。

「さぁーあぁーめでためでたの」と、出発前の奉曳団に木遣り唄が高々と響きます。祈りにも聞こえる唄が団員の心を奮い立たせます。そして、「エンヤ」の掛け声に綱を曳き始めると、ブワーンというワン鳴り[*4]の音を響かせて御木曳車がゆっくりと動き出します。綱で結ばれた老いも若きも、男も女も、この日ばかりは道いっぱいに広がって綱を揺すったり、ぶつけあったり、童心に戻ってはしゃぎます。

「粋な河崎御木揚《あ》げ姿、千代に八千代に変わらぬ三筋《みすじ》」（河崎町旭通奉曳団）。奉曳団に代々伝わる木遣り唄や甚句、踊りが披露されると、拍手が沸き起こります。一つの目的を皆でやり遂げる一体感は人々にはち切れんばかりの笑顔を与えていました。二〇年に一度とはいえ、全身をかけて神さまに奉仕できる伊勢の人はなんと幸せなことでしょう。

*3　それぞれの町から御木曳の出発地点まで、御木曳車を曳いて行くこと。
*4　御木曳車の車輪と車軸がこすれる時に鳴る音。

御遷宮対策事務局の奥野勇事務局長は、第一次の御木曳が無事にすんだことに安堵しながらも、「情報化が進んだおかげで、前回のビデオ録画があったことによって形の継承はスムーズにいきました。しかし、精神面はまだ足りないように思います」と厳しく反省します。

その精神面とは、「日本の平和と繁栄を毎日祈り続けているのが伊勢。御木曳によって、恵みを与えてくださる神さまに感謝し、奉仕することの幸せに気づいてほしいのです。ありがたいと感謝する日本人の心を取り戻すきっかけになれば」と熱く語ります。

ともすれば日々の暮らしに見失いがちな何か。それは神さまへの感謝と奉仕する真心なのかもしれません。神さまの木を曳く御木曳は、「神領民」の揺らぐことのない美風であり、さらに世の中の平安への祈りでもあるのです。翌一九年は第二次の御木曳が盛大に行われました。

神領民は、次の二〇年後につながる綱を曳き続けるのです。

新宮地を和め、鎮める地祭

・鎮地祭　平成二〇年四月二五日　内宮・外宮

前日の雨がすっかりと上がり、蒼天《そうてん》が広がっています。遷宮行事の最初の祭り「山口祭」の日を思わせる、空の蒼色。「鎮地祭《ちんちさい》」という大きな節目を迎える伊勢神宮の森に、再び蒼空が広がっていました。

二〇年に一度、社殿を新たに建て直し、神さまにお引っ越しいただく式年遷宮。平成二五年の第六二回に向けての準備はその八年前、山の口に坐《ま》す神に祈る最初の祭りの「山口祭」、御用材を伐採する木曾の山中での「御杣始祭」、遠路運ばれた御用材を伊勢市民らが伊勢神宮へ曳き込む「御木曳行事」を重ねてきました。そして、お祭りは伊勢神宮の森へ。土地の神をまつり、造営の安全を祈る鎮地祭は、新しい御敷地での初めてのお祭りなのです。

平成二〇年四月二五日、鎮地祭の朝。私たちはお祓いを受けて内宮の正宮の隣、新しい御敷地に入りました。白石が敷き詰められた宮地は広々として、御垣越しには正宮の社殿が望めます。新しい宮地はやはり神々しく、気持ちが引き締まります。

祭りは、新御敷地に建つ心御柱覆屋《しんのみはしらおおいや》の前で執り行われました。この覆屋は社殿の中央床下にあたり、遷宮で社殿が遷された後も御敷地に唯一残されるもの。その覆屋前に黄色、四隅に青（東北）、赤（東南）、白（西南）、黒（西北）の五色の幣が立てられています。

鎮地祭は一般でいう地鎮祭にあたります。「鎮地」とは、平安時代から中世の頃の古い呼び方なのです。一般の地鎮祭はごく当たり前の建築儀礼として行われていますが、土地はもともと神のものであり、我々はその土地を仮に預かり、家を建てたり、作物を作ったりしているという考えがあるゆえのもの。忘れているような古い信仰が、実は土地を鎮める祭りには息づいているのです。

白い斎服《さいふく》の神職が並ぶ中に、背丈が大人の胸にも届かない童女の姿がありました。紫袴に袙という緑色の装束姿、頭には木綿鬘《ゆうかずら》を結わえています。明治以前は「物忌《ものいみ》」と呼ばれる童男童女が神前近くにお仕えし、祭りに奉仕していたことにちなみます。

祭壇に神饌《しんせん》が供えられ、祝詞が奏上された後、鎮地祭特有の「草を刈り、土を穿《うが》つ」所作が行われました。

童女が神職（物忌の父）とともに清らかなという意味の忌鎌《いみがま》をもって草を刈り初《そ》める式と、忌鍬《いみくわ》を頭上にかざし、その後神職が忌鍬を振り下ろす、穿ち初める式です。童女が五色の幣へ一つずつ歩み寄っては、拝礼し、重い鎌や鍬を掲げます。大小の白石が敷かれた地はふつうの靴でも歩きにくいというのに、黒漆の浅沓《あさぐつ》という神職特有の履き物ではさぞ不自由なことでしょう。

一般の地鎮祭では敷地の四隅に竹をさして、注連縄《しめなわ》を張りめぐらせ、その中で祭典を行いますが、鎮地祭では中央だけでなく、幣を立てた四隅でも同じように所作を行います。東アジアに伝わる天は円く、地は四方形という「天円地方《てんえんちほう》」の考えに基づくのでしょうか。神宮の祭りでは重要な三節祭の時にだけ、社殿を囲む御垣の四隅にも神饌が供えられる「四隅神饌《よすみしんせん》」が行われます。四隅でもおまつりするのはていねいな形といいます。

内宮の後、午後からは外宮で鎮地祭が行われました。日差しはますます強くなり、汗ばむ陽気です。祭りは内宮と同じように進行しますが、童女とその装束は変わります。そして、忌鍬を振り下ろす所作も左右中央と、内宮（左右左）とは少し異なります。

「明治以前は、内宮は荒木田《あらきだ》神主、外宮は度会《わたらい》神主が世襲でお祭りを執り行っていたため、少しずつ異なるのです。ふだんのお祭りは同じですが、遷宮行事にはまだその名残があります」と神宮司廳広報課。一三〇〇年の伝統をもつ遷宮行事には、神宮の歴史も刻まれていました。鎮地祭は五月二日までに内宮と外宮、一四の別宮すべてで無事に行われました。

鎮地祭のすんだ新御敷地を望むと、土地の神は了解くださったのでしょう、清々しさに満ちていました。平成二五年の式年遷宮に向けて、また一歩――。

未来へ、新しい橋を渡り初む

・宇治橋渡始式　平成二一年一一月三日　内宮宇治橋

端と端をつなぐ「橋」。橋は川を、海を、時には国の境をも越えてきました。

伊勢神宮内宮の玄関口にあたる宇治橋[*1]は、人の世と神さまの聖地をつなぐ橋です。この橋がいつから架けられているのかはわかりませんが、室町時代には現在の場所にあったことは確かなようです。また、二〇年に一度の式年遷宮とともに架け替えられるようになったのは明治時代以降で、それ以前は洪水で流失したり、汚損したりすると造替や修繕が行われていました。

今回の架け替えは、平成二〇年七月の起工式に始まり、一年と三カ月あまりをかけて工事が行われ、完成。翌二一年一一月三日、橋の安全と参拝者の安全を祈る古式ゆかしい「渡始式《わたりはじめしき》」がありました。

*1 長さ約101メートル、幅約4メートルの純和橋。欄干の上に16基の擬宝珠（ぎぼし）を置く。

当日、日除け覆いを取り払った宇治橋は朝日に照らされ、まぶしいほどに輝いていました。渡り初めは「渡女《わたりめ》」と呼ばれる伊勢市在住の八二歳の女性を先頭に、全国から選ばれた五八組の三夫婦《みふうふ》という、親、子、孫の三代揃いの夫婦が続きます。三夫婦はしっかりとした足取りで健康そのもの。中には孫夫婦がさらに四代目の子どもを抱いたほほえましい姿もありました。少子化の時代にあって、健やかな三夫婦が一堂に揃うという、なんとも晴れやかな渡り初めを目の当たりにしました。

こうした渡女や三夫婦が橋の渡り初めをする風習は、渡女の長寿や三代の夫婦の和合にあやかり、橋の安全を願うためといいます。

新しい橋を渡って、果たして感動するものなのだろうか。起工式から取材をしてきて、素朴な疑問を感じていました。長い長い歴史を刻んだ古い橋の風格にはかなわないのではないだろうかと。人々の渡り初めをひとしきり撮影して、私も橋を渡りました。

渡り板六一六枚は白い木肌も美しく、光を放っているかのよう。木の香もほのかに漂ってきます。ヒノキの欄干に触れれば、その木肌の滑らかさ……匠たちの手業には感服するばかりです。そして、真新しい橋から見ると、見慣れたはずの景色まで新鮮に映るから不思議なものです。「新しい」ことの力をまざまざと実感しました。

国民総参宮[*2]や提灯行列、夜には奉祝コンサートが行われ、一日中、新しい橋の完成を祝う声が響きました。そして、その夜は満月。橋は月明かりの下、白く浮かび上がり、静かな美しさをたたえていました。

「渡始式は昔の人の精神を知り、自ら受け継ぐことを教えてくれます。日本人は二〇年に一度の式年遷宮のように、繰り返すことによって尊いものに永遠性をもたせてきました。それは未来を信じる心があるからです」と神宮司廳広報課の河合真如次長。過去から現在、そして未来へつなぐ宇治橋は、〝永遠への掛け橋〟となるのでしょう。

式年遷宮の精神として〝常若〟ということがいわれます。いつも若々しいことを意味しますが、神さまにいつも清浄な社殿に鎮まっていただき、みずみずしく大いなる力で守ってほしいという願いが込められています。真新しい宇治橋を自らの足で渡ってみると、なるほど気分が一新し、新たな力がみなぎってくるような高揚を感じました。これが、〝常若〟の力なのかもしれません。

宇治橋は次回、二〇年後に架け替えられます。そして、その二〇年後も

*2 宇治橋架替奉祝委員会が呼びかけた参宮。

架け替えられることでしょう。その確かな想いが、未来を信じる心であり、過去から続く一筋の流れの中に自己を置くことでもあります。閉塞感の漂う現代にあって、それはひとつの道しるべのようにも思えました。目の前の新しい宇治橋は、永遠へ続いていく未来にも架かっているのです。

あとがき ――御白石持始まる

式年遷宮に向けての祭りと行事は実に三〇あまり。平成一七（二〇〇五）年から始まった遷宮行事も、今ちょうど一二を数えるところまできました。これからの儀式は式年遷宮を目前にした二四年、二五年に集中するため、ちょうど一つの節目までたどり着いたといったところでしょうか。もっとも、たどり着けた、と思っているのは私のことではありますが。口を開くこともはばかられる儀式の緊張感の中に身を置くことは、現実的には木曾山中の斜面にへばりつき続けることであり、時には深夜の神域でじっと待つことでもありました。今振り返ると、なにか凄まじいエネルギーにふりとばされないよう、必死にしがみついていったという思いがしています。

三重県津市に生まれ育ち、伊勢で職を得て、家庭を持つようになった私は、いわば伊勢では「嫁」という立場です。前回平成五年の式年遷宮から記者として関わることができました。伊勢神宮が遊び場だったという古老や、御木曳行事の役目を当たり前に担う若手のように、神さまのありがたみが身に染み付いているわけではありません。なぜそこまで一生懸命に奉仕できるのか、そう尋ねる私に、生まれながらの神領民たちは「DNAやで、しょうがない」と困った顔をして応えたものです。

しかし、遷宮行事を取材している中で、教えられたひとつの見方がありました。本の表題ともなっている「永遠の聖地」です。二〇年に一度、社殿を新しく造営し、神さまにお引っ越しいただくことを繰り返す式年遷宮によって、神宮は滅びることなく永久に聖地であり続けるというのです。丈夫な石で堅牢を願うやり方と、木造建築を建て替え続ける神殿。二〇年前の遷宮取材で私が得たのは、そこに石の文化と木の文化の違いがあるということでした。そして二〇年を経た今回は、その「堅牢」と「繰り返し」という永遠へのアプローチの違いに、日本人の精神性を見た思いがしています。

そんな中にあって、式年遷宮の精神を表す「常若」という神道の考え方がすとんと腑に落ちたことがありました。平成二一年の宇治橋渡始式の時です。秋晴れの中、無事に儀式が終わり、取材がすんだ私は新しい橋を渡らせていただきました。そこで突然、想像以上の高揚感に包まれました。新しい橋を渡るのはこれほどに幸せなことかと、驚いたほどです。「二〇年後また一緒に渡ろう」という友人の言葉に、そうだ、この橋はただ新しいのではなく、また二〇年後に新しくなる橋、つまり二〇年後という未来にもつながっているのだとうれしくなったのです。

閉塞感が漂う今の世にあって、近い未来を確信できることはなんとありがたく、うれしいことでしょうか。閉塞感を打ち破るのは、この未来を信じる心に違いありません。常にみずみずしい社殿に神さまに鎮まっていただくという「常若」の精神は、今の世に大きな示唆を与えてくれています。

内宮の宇治橋の架け替えがすんだ伊勢では、もう次なる「御白石持行事」に向けて人々は動き始めています。御木曳行事では用材を曳きましたが、御白石持では御敷地に敷く白石を奉曳車に積み込みます。前回は出版社の仲間とともに、五十鈴川の川曳をして、内宮に奉納しました。こぶし大の白石を白いハンカチに包み両の手で持ち、皆と一緒に御敷地へ入ると、真新しい社殿は木造とは思えないほど光り輝き、その神々しさに思わず頭を垂れてしまいました。そして身体をかがめて白石を一つ、二つそおっと地面に置くと、自然と手を合わせていました。伊勢神宮のお膝元に住まう神領民にとって、神さまがこれから鎮まる社殿の敷地に自ら白石を奉献することは最高の喜びであったのです。そのことは私のＤＮＡにも刻まれたように感じました。これからも続けるであろう遷宮行事の取材、特に二度目の御白石持で何を思うのか、今から楽しみであるとともに身の引き締まる思いがします。

「永遠の聖地、伊勢」が東海道・山陽新幹線車内誌『ひととき』に連載されて五年目となりました。なんとかもっとたくさんの方々に読んでいただきたく、書籍化はかねてよりの願いでありました。今回その思いが叶ったこと、心よりうれしく思います。特に式年遷宮や伊勢神宮についてご指導いただいた神宮司廳広報室の河合真如室長には大変お世話になりました。河合室長の卓越したものの見方やお力添えがなければ、とても神宮や神道という遥かな対象に近づくことさえできませんでした。

また、今回序文をいただいた神社本庁の田中恆清総長をはじめ、神宮関係者、取材に応じていただいた方々からはおしみないご協力をいただきました。最後に、連載ともどもこの本の編集を担当して下さったウェッジの「ひととき」編集長海野雅彦さんに心から感謝申し上げます。

平成二二年晩夏

千種清美

付録

第六二回式年遷宮主要諸祭と行事の予定一覧

※○印の祭典は天皇陛下に御治定を仰ぐ。

〈年月〉		〈祭典・行事名〉	〈祭典・行事の趣旨〉
平成一七年（二〇〇五年）	五月二日	山口祭《やまぐちさい》○	遷宮の御用材を伐る御杣山《みそまやま》の山口に坐す神をまつり、伐採と搬出の安全を祈る。
	五月二日	木本祭《このもとさい》○	御正殿《ごしょうでん》の御床下《おんゆかした》に奉建する心御柱《しんのみはしら》の御用材を伐採するにあたり、その木の本に坐す神をまつる。山口祭の夜に行われる秘儀。
	六月三日 五日	御杣始祭《みそまはじめさい》 裏木曾代採式	御用材を木曾の御杣山で伐り始める祭り。長野県上松町（三日）と岐阜県中津川市加子母《かしも》（五日）で行われた。
	六月九日 一〇日	御樋代木奉曳式《みひしろぎほうえいしき》	御神体をお納めする「御樋代」の御用材を伊勢へ運ぶ儀式。
	九月一七日 一九日	御船代祭《みふなしろさい》○	御樋代をお納めする「御船代」の御用材を伐採する祭り。
平成一八年（二〇〇六年）	四月一二日 一三日	御木曳初式《おきひきぞめしき》	御造営の御用材の搬入始め。揃いの衣装を着て旧神領民が木遣り音頭も勇ましく奉仕する。役木曳ともいう。

	四月二一日	木造始祭《こづくりはじめさい》◯	御造営の木取り作業を始めるにあたって作業の安全を祈り御木《おき》に忌斧《いみおの》を打ち入れる祭り。
	五月～七月	御木曳行事（第一次）	伊勢の旧神領民および全国の崇敬者により、御用材を古式のままに両宮域内に奉曳《ほうえい》する。
	五月一七日	仮御樋代木伐採式	遷御のとき、御神体をお納めする仮御樋代と仮御船代の御用材を伐採するにあたり、木の本に坐す神をおまつりし、忌斧を入れる式。
平成一九年（二〇〇七年）	五月～七月	御木曳行事（第二次）	第一次と同様に内宮は五十鈴川を川曳《かわびき》し、外宮は御木曳車で陸《おか》曳《びき》する。
平成二〇年（二〇〇八年）	四月二五日	鎮地祭《ちんちさい》◯	新宮の大宮地《おおみやどころ》に坐す神を鎮めまつる祭り。
平成二一年（二〇〇九年）	一一月三日	宇治橋渡始式《うじばしわたりはじめしき》	宇治橋を新しく架け替え、古式により渡り始めを行う。
平成二四年（二〇一二年）	三月四日 六日	立柱祭《りっちゅうさい》◯	御正殿の御柱を立てる祭り。
	三月四日 六日	御形祭《ごぎょうさい》	御正殿の東西の妻の束柱に御形《ごぎょう》（御鏡形《みかがみがた》）をうがつ祭り。立柱祭の日に行われる。
	三月二六日 二八日	上棟祭《じょうとうさい》◯	御正殿の棟木を揚げる祭り。

〈年月〉	〈祭典・行事名〉	〈祭典・行事の趣旨〉
平成二五年（二〇一三年）		
五月二三日 二五日	檐付祭《のきつけさい》	御正殿の御屋根の萱をふき始める祭り。
七月二一日 二三日	甍祭《いらかさい》	御正殿の御屋根をふき終わり金物を打つ祭り。
七〜九月	御白石持行事《おしらいしもちぎょうじ》	新宮の御敷地《みしきち》に敷きつめる「御白石」を伊勢の市民はじめ、全国からの一日神領民が奉献する盛大な行事。
九月一三日 一五日	御戸祭《みとさい》	御正殿の御扉《みとびら》を造りまつる祭り。
九月一七日 一九日	御船代奉納式《みふなしろほうのうしき》	御神体をお鎮めする御船代を造りまつり御正殿に奉献する式。
九月二四日 二六日	洗清《あらいきよめ》	竣工した新宮のすべてを洗い清める式。
九月二五日 二七日	心御柱奉建《しんのみはしらほうけん》	御正殿中央の床下に心御柱を奉建する神秘的な行事。
九月二八日 二九日	杵築祭《こつきさい》○	新宮の御柱の根元を白杖で突き、御敷地を固める祭り。
一〇月一日 四日	後鎮祭《ごちんさい》○	新宮の竣工をよろこび、平安に守護あらんことを大宮地に坐す神に祈る祭り。

一〇月一日 四日　御装束神宝読合《おんしょうぞくしんぽうとくごう》　新調された御装束神宝を新宮に納めるにあたり照合する式。

一〇月一日 四日　川原大祓《かわらおおはらい》　御装束神宝をはじめ遷御に奉仕する祭主以下を川原の祓所《はらいしょ》で祓い清める式。

一〇月二日 五日　御飾《おかざり》　調進された御装束で新殿を装飾し、遷御のご準備をする式。

一〇月二日 五日　遷御《せんぎょ》◯　御神体を新宮に遷しまつる祭り。天皇陛下が斎行《さいこう》の月日をお定めになる。

一〇月三日 六日　大御饌《おおみけ》　遷御の翌日、新宮で初めての大御饌をたてまつる祭り。

一〇月三日 六日　奉幣《ほうへい》◯　遷御の翌日、新宮の大御前《おおみまえ》に勅使が幣帛《へいはく》をたてまつる祭り。

一〇月三日 六日　古物渡《こもつわたし》　遷御の翌日、古殿に奉献してあった神宝類を新宮に移しまつる式。

一〇月三日 六日　御神楽御饌《みかぐらみけ》　遷御の翌日の夕、御神楽に先だち、大御饌をたてまつる祭り。

一〇月三日 六日　御神楽　新宮の四丈殿《よじょうでん》にて勅使および祭主以下参列のもと、宮内庁楽師一二員により御神楽と秘曲が奉奏される。

一年間の主な恒例祭典と行事一覧

※祭場は（　）で示した。書いていないものは、両正宮および諸別宮御前で奉仕される祭典である。

〈月日〉	〈祭典名〉	〈祭典の趣旨〉
一月　一日	歳旦祭《さいたんさい》	新しい年のはじめをお祝いする。
三日	元始祭《げんしさい》	天津日嗣《あまつひつぎ》〈皇統〉の元始《はじめ》をお祝いする。
一一日	一月十一日御饌《みけ》	両正宮《しょうぐう》をはじめ、諸宮社《きゅうしゃ》の神々に、神饌《しんせん》をたてまつる（内宮《ないくう》四丈殿）。続いて五丈殿で舞楽が奉奏される。
二月　一一日	建国記念祭	国のはじめをお祝いし、今後の発展をお祈りする。
一七日	祈年祭《きねんさい》	「としごいのまつり」ともいい、神饌をたてまつり五穀の豊かな実りをお祈りする大御饌の儀と、勅使が参向して奉仕される奉幣の儀が行われる。
三月　春分の日	御園祭《みそのさい》	神嘗祭《かんなめさい》付属の祭りで、野菜、果物などの豊作をお祈りする。（神宮御園）
四月　上旬	神田下種祭《しんでんげしゅさい》	神嘗祭付属の祭りで、神嘗祭を始め諸祭典にお供えするご料米の稲種を神田にはじめて下ろしまつる祭り。（神宮神田）
二八～三〇日	春の神楽祭	内宮神苑の野外舞台で舞楽が一般公開される。

五月　一日　神御衣奉織始祭《かんみそほうしょくはじめさい》

神御衣祭に付属する祭り。和妙《にぎたえ》と荒妙《あらたえ》を奉織するにあたって行われる。（松阪市　神服織機殿神社《かんはとりはたどのじんじゃ》・神麻続《かんおみ》機殿神社）

一三日　神御衣奉織鎮謝祭

神御衣が無事に織り上がったことを感謝する。（松阪市　神服織機殿神社・神麻続機殿神社）

一四日　風日祈祭《かざひのみさい》

御幣《ごへい》、御蓑《みみの》、御笠《みかさ》をたてまつり、風雨の災害なく、五穀の豊かな実りをお祈りする。

神御衣祭

皇大神宮と荒祭宮《あらまつりのみや》に和妙、荒妙の二種の神御衣をたてまつる。

上旬　神田御田植初《おたうえはじめ》

お田植えを行う（神宮神田）。

六月　一日　御酒殿祭《みさかどのさい》

月次祭《つきなみさい》のご料酒が、うるわしく醸造されるようお祈りする。（内宮御酒殿）

一五日　御卜《みうら》

六月月次祭奉仕の神職が、奉仕直前に神の御心にかなうかどうかを、おうかがいする行事。（内宮中重《なかのえ》）

一五～二五日　月次祭

由貴の大御饌を午後一〇時と翌午前二時の二度たてまつり、ついで正午、奉幣の儀が行われる。引きつづき別宮以下諸宮社でも祭りが行われる。（内宮は一六～一七日、外宮は一五～一六日）

三〇日　大祓《おおはらい》

大祭の前月末日に、神宮神職・楽師を祓い清める行事が行われる。とくに六月、一二月の末日には全職員の大祓が行われる。（内宮第一鳥居内祓所その他）

〈月日〉	〈祭典名〉	〈祭典の趣旨〉
八月　四日	風日祈祭《かざひのみさい》	御幣をたてまつり、風雨の順調、五穀の豊穣をお祈りする。
九月　上旬	抜穂祭《ぬいぼさい》	神嘗祭《かんなめさい》付属の祭りで、神田で神嘗祭にたてまつるご料米の稲穂を抜きまつる祭りが行われる。（神宮神田）
二二～二四日	秋の神楽祭	四月の項と同じ。
中秋の十五夜	神宮観月会	歌の披講と舞楽が行われる。
一〇月一日	御酒殿祭	六月の項と同じ。
	神御衣奉織始祭	五月の項と同じ。
五日	御塩殿祭《みしおどのさい》	年中の諸祭典にお供えする御塩が、うるわしく奉製されるようにお祈りし、また塩業に従事する人々の守護を併せてお祈りする。（二見町御塩殿神社）
一三日	神御衣奉職鎮謝祭	五月の項と同じ。
一四日	神御衣祭	五月の項と同じ。
一五日	御卜	六月の項と同じ。
一五～二五日	神嘗祭	その年の新穀《しんこく》を大御神にたてまつり、ご神徳に報謝申し上げる最も由緒深い祭り。

	（外宮）	（内宮）
由貴夕大御饌《ゆきのゆうべのおおみけ》	一五日　午後一〇時	一六日　午後一〇時
由貴朝大御饌《ゆきのあしたのおおみけ》	一六日　午前二時	一七日　午前二時
奉幣	一六日　正午	一七日　正午
御神楽	一六日　午後六時	一七日　午後六時

一一月二三日	新嘗祭	新穀を陛下御自ら神々にたてまつられ、また御自らもお召しあがりになる大儀が宮中で行われるに際して、神宮へは勅使を御差遣わされて、奉幣の儀が行われるので、それに先だって神饌をたてまつり、大御饌の儀を行う。引きつづき別宮以下諸宮社でも祭りが行われる。
一二月一日	御酒殿祭	一二月月次祭付属の祭りで、六月の項と同じ。
一五日	御卜	六月の項と同じ。
一五〜二五日	月次祭	六月の項と同じ。
二三日	天長祭《てんちょうさい》	天皇のお誕生日をお祝い申し上げる祭り。
三一日	大祓《おおはらい》	六月の大祓と同様、歳末にあたり神職をはじめ全職員を祓い清める。
毎日	日別朝夕大御饌祭《ひごとあさゆうおおみけさい》	年中、毎日朝夕の二度、外宮の御饌殿で、両正宮、同相殿神及び各別宮諸神にお供えものをたてまつる。

伊勢神宮宮域図

〈外宮〉

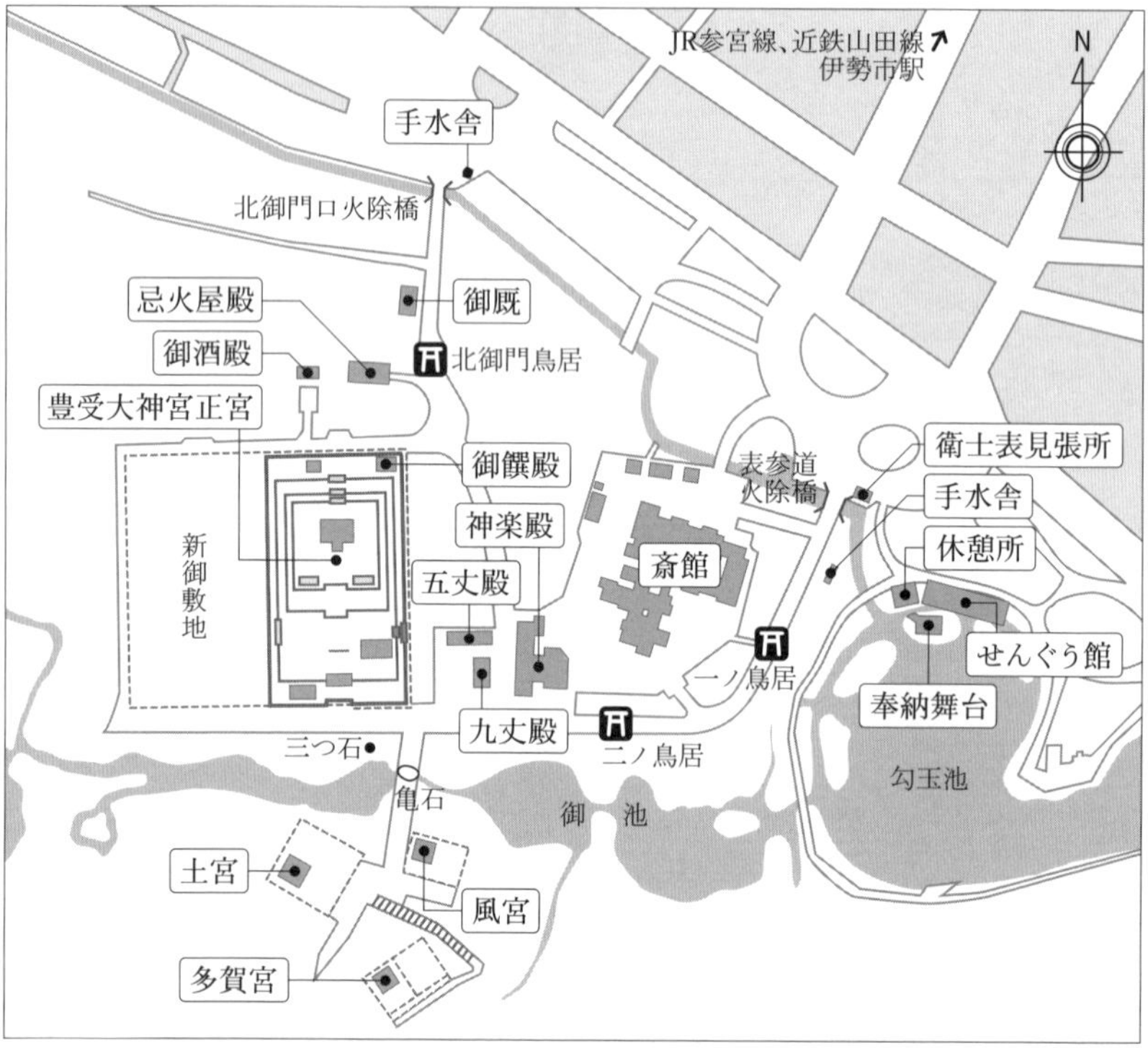
JR参宮線、近鉄山田線
伊勢市駅
N
手水舎
北御門口火除橋
御厩
忌火屋殿
御酒殿
北御門鳥居
豊受大神宮正宮
御饌殿
新御敷地
神楽殿
五丈殿
斎館
表参道火除橋
衛士表見張所
手水舎
休憩所
せんぐう館
一ノ鳥居
奉納舞台
九丈殿
二ノ鳥居
三つ石
亀石
御池
勾玉池
土宮
風宮
多賀宮

〈内宮〉

N
外宮
おはらい町
おかげ横丁
衛士見張所
参宮案内所
宇治橋
神宮司廳
五十鈴川
神苑
参集殿
饗膳所
火除橋
手水舎
外御厩
一ノ鳥居
斎館
御池
荒祭宮
御手洗場
内御厩
御酒殿
外幣殿
神楽殿
由貴御倉
皇大神宮正宮
滝祭神
二ノ鳥居
新御敷地
五丈殿
忌火屋殿
御稲御倉
風日祈宮橋
風日祈宮
もみだね石
御贄調舎

伊勢神宮周辺図

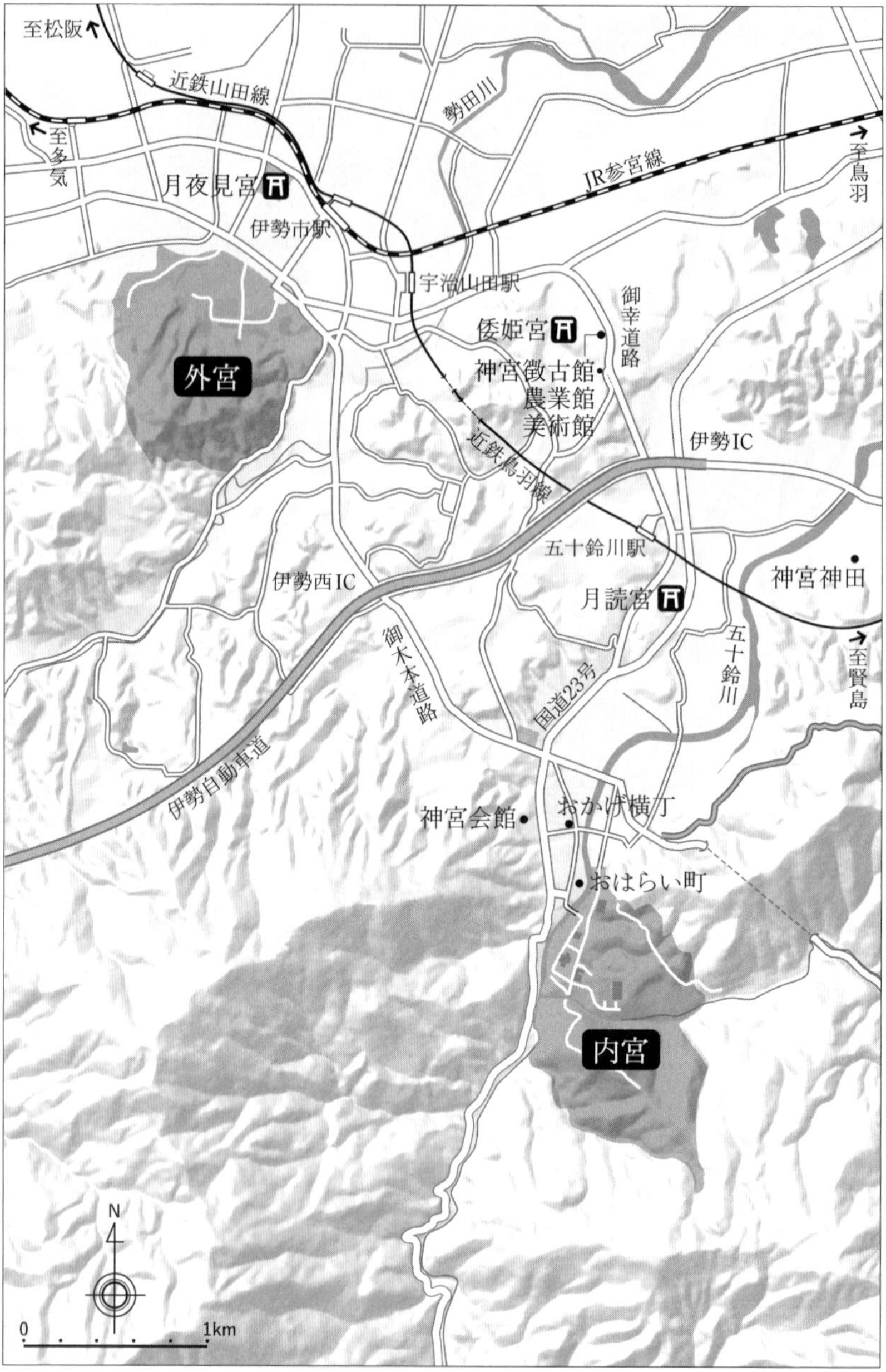
至松阪
近鉄山田線
至多気
勢田川
JR参宮線
至鳥羽
月夜見宮
伊勢市駅
宇治山田駅
御幸道路
倭姫宮
神宮徴古館
農業館
美術館
外宮
伊勢IC
近鉄鳥羽線
五十鈴川駅
神宮神田
伊勢西IC
月読宮
至賢島
五十鈴川
御木本道路
国道23号
伊勢自動車道
神宮会館
おかげ横丁
おはらい町
内宮
N
0
1km

伊勢広域図

MAP制作　Atelier PLAN

千種清美（ちくさ・きよみ）

皇學館大学非常勤講師。実践女子大学卒業後、ＮＨＫ津放送局アシスタント、三重の地域誌『伊勢志摩』編集長を経て文筆業に。三重の地から全国に情報発信を続ける。皇學館大学では「伊勢学」「表現演習」を担当。著書に『お伊勢さん　鳥居前おかげ縁起』（講談社）、『伊勢神宮　常若の聖地』（ウェッジ）などがある。三重テレビ放送特別番組『お伊勢さん』全10回の脚本担当。日本マス・コミュニケーション学会会員本書は、月刊誌『ひととき』に連載中の「伊勢・永遠の聖地」の二〇〇六年六月号～二〇一〇年五月号に掲載された記事をもとに、また第四章一七〇～一八三頁は神宮司廳発行「瑞垣」二〇一号に掲載された記事をもとに、加筆・修正を加えたものです。

なお、本文中の肩書きは取材時のものです。

永遠の聖地　伊勢神宮
——平成二五年、式年遷宮へ

二〇一〇年八月二〇日　第一刷発行
二〇一三年五月三〇日　第五刷発行

著　者　千種清美
発行者　布施知章
発行所　株式会社ウェッジ
〒一〇一―〇〇五二
東京都千代田区神田小川町一―三―一
NBF小川町ビルディング三階
電　話　〇三（五二八〇）〇五二八
FAX　〇三（五二一七）二六六一
http://www.wedge.co.jp
振　替　〇〇一六〇―二―四一〇六三六

ブックデザイン　岡本洋平（岡本デザイン室）
印刷・製本所　図書印刷株式会社

＊定価はカバーに表示してあります。
ISBN 978-4-86310-074-9 C0026

『昭和四年式年遷宮絵巻』の左半分。御装束神宝を手にした、一〇〇名を超える奉仕員の列は新殿へと続いている。まさに式年遷宮のクライマックスといえる祭儀だ。